VOGELKARTEN

As kingfishers catch fire, dragonflies draw flame;
As tumbled over rim in roundy wells
Stones ring; like each tucked string tells, each hung bell's
Bow swung finds tongue to fling out broad its name;
Each mortal thing does one thing and the same:
Deals out that being indoors each one dwells;
Selves – goes itself; myself *it speaks and spells,*
Crying What I do is me: for that I came.

I say more: the just man justices;
Keeps grace: that keeps all his goings graces;
Acts in God's eye what in God's eye he is –
Christ. For Christ plays in ten thousand places,
Lovely in limbs and lovely in eyes not his
To the Father through the features of men's faces.

Gerard Manley Hopkins, 1882

Jane Toerien & Joyce van Dobben

Vogelkarten

Die heilende Kraft
des Vogelreichs

Altamira-Becht · Haarlem

Verlag Altamira-Becht BV ist Mitglied der Verlagsgruppe Gottmer, Haarlem, Holland

Übersetzung aus dem Englischen: Bruno Martin
Covergestaltung: Marius Brouwer, Haarlem
Layout: Peter Verwey Grafische Produkties b.v., Heemstede

ISBN 978 90 6963 749 5

www.altamira-becht.nl
www.diepmagazine.nl

Distribution für Deutschland, Österreich, Schweiz
BM-Vertriebsservice, Postfach 1123, D-21394 Kirchgellersen
Tel: +49-4135-414, Fax: +49-4135-7578
Email: brunomartin@t-online.de

Inhalt

Vorwort

Da ich selbst Autor bin erfreue ich mich gerne an der Empfängnis, der Reifung und der Geburt meiner Bücher; ja, es geschieht tatsächlich so! Das Schreiben ist ein ganzheitlicher Prozess, an dem eine Energie beteiligt ist, die auf ähnlichen Ebenen wirkt wie die des Geburtsprozesses eines Menschen. Selten bin ich jedoch an diesem Prozess bei einem anderen Autor beteiligt. Selbstverständlich war ich nicht bei der Empfängnis anwesend! Diese erlebte Jane zweifellos ganz allein in einem stillen Augenblick der Inspiration, wahrscheinlich gefolgt von einer leichten Schwangerschaft … und dann kam die Geburt. Diese war nicht so leicht. Es gab schmerzvolle Momente des langsamen Drucks, Momente, als das neue Baby nicht schnell genug heraus kommen wollte, und längere Warteperioden, als das Neugeborene seine Zeit brauchte, um in der Gegenwart der Menschen aufzutauchen.

Während dieses Prozesses durfte ich die Art der Ermutigung geben, die jeden Geburtsvorgang begleitet: leise Worte der Unterstützung, des Lobs und gelegentlich auch Ratschläge. Nun, da die neugeborenen Vogelkarten und das Begleitbuch dazu in schönen Kleidern stecken, bin ich sehr glücklich darüber, als eine Art Hebamme meine Dienste geleistet zu haben und ehrliche und gute Worte mit auf den Weg in die Welt geben zu können.

Die Präsentation dieser Vogelkarten wurde erst durch eine wunderbare Partnerschaft möglich! Zuerst war da Jane, mit ihrer Fähigkeit, die dünne Membran zwischen den physischen und metaphysischen Ausdrücken des Vogelbewusstseins zu überwinden; und dann kam Joyce, mit ihrer Fähigkeit, sich darauf einzustimmen und die Qualität des Vogelbewusstseins zu empfangen, das sie durch ihre schönen, anschaulichen Bilder ausdrückt. Ich möchte Sie als Leserin und Leser einfach wissen lassen, wie selten so eine Zusammenarbeit ist. Zwei Menschen sind eingestimmt in dieselbe Vision, denselben Zweck, dieselbe Absicht. Beide haben synchron an einem nahtlosen Ganzen gearbeitet.

Wie einige von Ihnen vielleicht wissen, war und ist die Natur meine Lehrerin. Ich habe die Fähigkeit ihren stillen Worten zuzuhören. Dies ist ein einfacher, aber kein leichter Vorgang. Von Zuhörern wird erwartet, alle eigenen Konzepte, alle ihre Ideen, Glaubensvorstellungen, Erwartungen und ihr Wissen über die Natur auszuschließen, um so fähig zu werden, vollkommen empfänglich und aufnahmebereit zu sein. All zu oft steht die eigene Vorstellung des Zuhörers im Weg, wie zum Beispiel Ängste und Sorgen über die

Ereignisse in der Welt oder berechtigter Ärger über die sichtbare ökologische Zerstörung. Wenn ein Mensch daran glaubt, dass die Menschheit oder die Natur „gerettet“ werden könne und den Wunsch hat, bei dieser Angelegenheit mitzuhelfen, dann wird die Fähigkeit des „Zuhörens“ so abgeschwächt, dass diese von den Wahrnehmungsfiltern der Wünsche und Konzepte gefärbt wird, so dass die Worte, die schließlich herauskommen, nicht mehr sind als die Glaubensvorstellungen des Zuhörers. Jane fiel glücklicherweise nicht in diese Falle. Sie lauschte. Sie war entzückt, begeistert, entgeistert und glücklich, und sie hatte anfangs keine Vorstellung davon, wohin sie das alles führte oder warum.

Joyce kam buchstäblich zum rechten Zeitpunkt ins Bild. Sie hatte gerade ein anderes Projekt abgeschlossen. Dann wurden Joyce und Jane von einem Freund zusammengebracht. Obwohl Joyce die ganze Zeit an der Vision und der Schöpfung der Karten arbeitete, mussten beide sich gelegentlich persönlich treffen, und das gab ihnen die Möglichkeit, sich auf der entsprechenden Bewusstseinsebene miteinander zu verweben.

Genauso wie ich inspiriert und ehrlich gesagt auch überrascht über die Qualität und die Einsichten von Janes Worten bin, war ich auch mächtig beeindruckt von der Qualität der visuellen Interpretation von Joyce, die jede Vogelenergie angemessen ausdrückt. Ich muss einfach nochmals betonen, dass dies eine seltene Kombination ist. Beide, Jane und Joyce, haben das Paket ihrer Persönlichkeiten zur Seite gelegt und haben sich auf eine hohe und ganz klare Ebene der Kommunikation mit Buch und Karten eingestimmt. Die Worte und die Bilder sind Inspirationen einer Kommunikation. Kommunikation geschieht auf vielen Ebenen; sie kann intellektuell, langweilig, aggressiv oder fordernd sein. Die Liste ist lang. Doch um sich wirklich einzulassen und zu verbinden, muss das Herz dabei sein. Lange nachdem der Kopf vergessen hat, erinnert sich das Herz, das wirkliche Gefühl, und handelt. Das ist die Klasse und die Qualität, welche die Vogelkarten und das Buch kommunizieren: als ein gemeinsames Geschenk, das mit Herzensgüte verpackt wurde.

So empfehle ich dieses „Vogelgeschenk“ und bitte Sie, beides mit Empfänglichkeit und Offenheit zu gebrauchen und mit Ihrer inneren Resonanz mitzuschwingen. Benutzen sie beides weniger mit „Tun“, sondern besser mit „Sein“, leben Sie mit diesem Geschenk.

Michael J. Roads
Autor der Bücher „Mit der Natur reden“, „An der Pforte zur Unendlichkeit – Metaphysische Dimensionen der Natur“, „Journey into Nature“, „Journey into Oneness“ und „The Magic Formula“.

Einführung

Mit dem Geburtsprozess der Vogelkarten erlebte ich tatsächlich eine persönliche Seelenreise, voller Geheimnisse und tiefer Bedeutung für mich und meine Wegbegleiterin, Joyce van Dobben, die den Text durch ihre ausgezeichneten Bilder zum Leben erweckt hat.

Es begann genau nach dem Neujahrstag in Kapstadt, Südafrika. Zu dieser Zeit arbeitete ich als psychologische Beraterin mit Menschen, um ihnen zu helfen, an ihre tiefen emotionalen Probleme heranzukommen und diese zu klären. Während dieses Prozesses benutzte ich sehr häufig Orakelkarten als eine auflockernde Möglichkeit für die Klientin bzw. den Klienten, auf eine andere Weise in „den Spiegel zu schauen", damit sie eine andere Perspektive für ihr wirkliches Problem erhalten konnten. Ich erfreute mich auch an Blumenessenzen, die ich für mich persönlich als eine sanfte Heilschwingung einsetzte, um meinen emotionalen Körper zu reinigen und zu heilen. Da ich mich immer sehr mit Vögeln verbunden gefühlt habe, kam ich auf die Idee, dass wenn Blumen eine heilsame Schwingungsenergie in sich tragen, könnten auch Vögel auf irgendeine Art solche Schwingungen übermitteln.

An diesem bestimmten Abend setzte ich mich zur Meditation und ließ mich in einen sehr stillen Raum in mir ziehen. An diesem stillen Ort sprach meine innere Stimme deutlich zu mir. Sie erinnerte mich wieder an meinen Gedanken und riet mir, mich „einfach ans Schreiben zu machen – und zu schauen, was daraus wird. Genau das tat ich, und zu meinem Erstaunen kam „die Taube" heraus. Nichts davon war eine bewusste Information, die ich kannte. Es war nicht so, dass meine Hand automatisch schrieb oder dass ich von irgendeiner Kraft überwältigt worden wäre. Ich schrieb es selbst – doch ich blieb an diesem stillen Ort. Von diesem kamen eine Autorität und eine Weisheit, von denen ich nicht wusste, dass ich sie hätte. Das ganze Jahr über wurde ich immer wieder an diesen Ort gezogen, bis alle 55 Vogelkarten aufgetaucht waren.

Während des Prozesses wurde ich auf eine Seelenreise mit mir selbst gebracht. Jedes der besonderen Themen der Vögel wurde zu meiner eigenen Angelegenheit. Erst als ich mich damit ausreichend beschäftigt hatte, war ich wieder in der Lage, weiter zu gehen. Manchmal stockte für längere Zeit alles bei einem Thema. Ich wusste nie, über welchen Vogel ich als nächstes schreiben würde, bis ich mich hingesetzt und die Überschrift formuliert hatte. Ich hatte auch keine Ahnung, wo es aufhören würde, bis ich den „blauen Vogel des Glücks" geschrieben hatte. Dann wurde mir klar, dass dieser Fantasievogel das Wesen des ganzen Vogelreiches ist, und es gab keinen Grund, noch über weitere Vögel zu meditieren. Später entdeckte ich interessanterweise, dass im Aura-Soma-System der Farbheilung, bei dem die Zahlen jeder Farbflasche eine esoterische Bedeutung haben, die Flasche Nr. 55 die von Christus ist.

Michael Roads war so freundlich, das Vorwort zu diesem Buch zu schreiben. Das hat mich sehr gefreut und es ist stimmig, weil er und seine Frau Treenie wirklich die Katalysatoren für seine Geburt waren. Im Jahre 1994 hatten mein Mann und ich sein Buch „Journey into Nature" gelesen, das seine eigene persönliche Geschichte seiner metaphysischen Beziehung zur Natur beschreibt, und wie er durch die Erfahrung der Einheit allen Lebens zu seinem eigenen Selbst erwacht ist. Wir waren so begeistert von dieser Story, dass wir nach Amerika flogen und eine Woche lang an einen Workshop mit ihm teilnahmen. Danach luden wir ihn nach Südafrika ein, um dort einen Workshop zum Thema „Selbstverwirklichung" abzuhalten – bei dieser Arbeit wurden wir auch Freunde. Ich möchte an dieser Stelle aus dem Text zum „blauen Vogel des Glücks" zitieren: „Wir sind alle Eins. Du bist ein Teil von mir. Ich komme zu dir als Teil deines Selbst und erinnere dich daran, dass die Essenz dessen, wer du bist, Gott ist. Du bist ein großartiges Wesen, erschaffen im Bilde Gottes. Du erfährst dich selbst als getrennt von Gott, doch wir sind wie die Engel – wir wissen, dass es keine Getrenntheit gibt und dass Gott einfach in uns *ist*. Unsere Gegenwart in deinem Leben ist Gottes Segen für diesen Planeten, um die Möglichkeit der Freude und Liebe und des Friedens hier lebendig zu halten, bist du erkannt hast, dass du selbst dies alles bist."

Das ist Naturmystik, das Wissen darum, dass Gott allgegenwärtig ist und wir daher alle mit ihm verbunden sind und dass wir durch die Natur Gott und dem wahren Selbst begegnen können, weil wir alle eine Einheit sind.

Im Laufe des Jahres, als ich an diesem Buch schrieb, reiste ich nach Österreich, um ein internationales Treffen von Leuten zu besuchen, die mit Michael und Treenie Roads arbeiteten. Ich bin dankbar, dass ich Siska Pothof traf, die mir von ihrer Freundin Joyce van Dobben erzählte, als ich über mein Projekt sprach. Sie erwähnte, dass Joyce von Vögeln begeistert ist und außerdem eine spirituelle Künstlerin sei, die gerade nach einem neuen erhebenden Projekt Ausschau hielt. Als sie mir über Joyce erzählte, kam es wie ein Gewitter über mich, mit Donner und Blitz und Hagel. Es war, als ob mir die Natur die Botschaft vermittelte: Ja! Genau richtig.

Ich war entzückt über die Kartenentwürfe, die Joyce anfertigte und auch über die Tatsache, dass sie völlig vertraut mit der Philosophie war, die durch die Karten ausgedrückt werden. Wir führten unsere Kommunikation per Email über Kontinente. Joyce begann wie ich mit einem ähnlichen Prozess, um sich in die Aufgabe hineinzuversetzen. Auch sie ging in die Stille und ließ die Bilder kommen. Sie ging auch durch die Themen der Vogelenergien hindurch, so wie diese sich in ihrem eigenen Leben darstellten. Manchmal kam sie auch ins Stocken und wusste nicht mehr weiter. Ich liebe die Symbole und die Edelsteine, die sie intuitiv für jeden einzelnen Vogel gewählt hatte, sie fühlten sich immer richtig an, seit ich sie das erste Mal sah. Sie beschreibt, wie sie eines Abends bei einem Konzert war, als die ganze Vorstellung der Phönix-Karte mit allen Puzzlestücken, die auseinander fielen, um ihr eine neue Wirklichkeit zu offenbaren, plötzlich in ihren Kopf aufblitzte. Sie brauchte drei Jahre, um alle Karten zu malen, und obwohl wir uns nie trafen, wurden wir gute Freundinnen, so dass wir uns, als wir uns schließlich im September 2002 begegneten, wie alte Bekannte fühlten.

Als Joyce die Vogelkarten malte, entfaltete sich ein anderer außergewöhnlicher Prozess in mir. Im August 1999 gab es eine Sonnenfinsternis, die Astrologen für ein besonderes Ereignis in der Entwicklung des menschlichen Bewusstseins hielten. Ich hörte eine innere Stimme, die mir die Eingebung gab, während der Sonnenfinsternis 55 Flaschen mit reinem Quellwasser zu füllen. Ich sollte sie dabei abwechselnd in die Sonne halten, damit das „erleuchtende Bewusstsein" jedes Vogels, der zu den Karten beschrieben wird, seine Energie mit dem Wasser verweben könnte. So wurde eine „Vogelessenz" geschaffen, mit der jeder der Vögel eine Harmonisierung für die besonderen dargestellten Themen darbot. Am 4. Dezember 2002 gab es eine andere Sonnenfinsternis, die offenbar eine Vervollständigung des Zyklus war, der im August 1999 begonnen hatte. Auch da sollte ich jede Flasche in Richtung Sonne halten, so dass die Vogelessenz sich mit dem Wasser vermischen konnte, und dieses Mal wurde mir gesagt, dass die Essenzen nun vollständig sind und geschlossen werden können. Weitere Informationen auf www.birdcards.co.za.

Der Begriff „erleuchtendes Bewusstsein", der in diesem Buch benutzt wird, ist tatsächlich gleichbedeutend mit den Begriffen „Deva" oder „Engel". Jede Vogelart, jede Blumen- oder Baumart und andere Gestaltungen der Natur haben eine organisierende Kraft hinter sich, die intelligent und mit dem größeren Ganzen verbunden ist, das für mich Gott ist. Ich fühlte die Wirklichkeit dieser Intelligenz, ihre Macht und Schönheit und ihre

Verbindung mit dem Ganzen, als ich diese Essenzen herstellte. Deshalb weiß ich, dass wenn die Affirmation vorschlägt, dass du das „erleuchtende Bewusstsein" dieses Vogels darum bittest, dir zu helfen, du auch eine wirkliche und helfende Energie in dein Leben bringst, und das ist keine Wunschvorstellung. Es ist vollkommen wohltuend und gut, es ist ein Teil Gottes.

Es gab zwei Vorkommnisse von denen ich nun vermute, dass sie als Vorzeichen für diese Verbindung mit dem Vogelreich zu werten sind. Das erste Ereignis geschah 1994. Mein Mann und ich hatten gerade ein Stück Land in einem wunderschönen grünen Tal mit Seeblick gekauft und wir gingen mit einem lieben Freund über das Grundstück, um den Ausblick zu bewundern und zu entscheiden, wo wir am besten unser Haus hinbauen sollten. Als junges Mädchen war ich bereits eine große Vogelbeobachterin und verbrachte viele Stunden im Ferienhaus meiner Familie, wo ich so leise wie möglich in die Büsche ging in der Hoffnung, dass ein Vogel herausflog, um aus meiner Hand Essen zu picken oder sich auf meine Schulter zu setzen. Zu meiner Enttäuschung geschah das nie. Nun, als wir auf den Hügel hochgingen, wo unser zukünftiges Haus gebaut werden sollte, sah ich zu meinem Erstaunen, dass dort ein kleiner bunt schillernder Vogel auf dem Boden saß. Es war ein Prachtfink, ein sehr lebhafter, kleiner Vogel. Ich dachte, vielleicht ist er verletzt, so bückte ich mich zu ihm hinab und streckte sanft meine Hand aus. Er hüpfte auf die Handfläche und kuschelte sich dort minutenlang vollständig vertrauensvoll, Minuten, in denen ich kaum zu atmen wagte. Die überwältigende Energie, die ich von seinem kleinen Körper erhielt, war eine „Botschaft des Vertrauens". Dann völlig unerwartet schüttelte er seine Federn, zwitscherte mir zu und flog weg. Das Haus wurde gebaut und tatsächlich habe ich einige Jahre später auf der Veranda des Hauses auch einige Texte zu den Vogelkarten geschrieben.

Das andere Ereignis war ein Traum, den ich kurz nach der ersten Begegnung mit Michael und Treenie Roads hatte, auch im Jahre 1994. In diesem Traum saß ich mit ihnen an einem Tisch in einem Restaurant. Ich zeigte ihnen ein Buch, das ich anscheinend selbst geschrieben hatte. Der Titel hieß: „As Kingfishers Catch Fire" („Wie Eisvögel in Flammen aufgehen") – die erste Zeile eines meiner Lieblingsgedichte von Manley Hopkins. Michael lächelte mir zu und sagte, es sei „Eisvogelzeit". Jahrelang hatte ich keine Ahnung, was das bedeuten sollte, doch die Erinnerung an den Traum blieb. Ich verstand es natürlich besser, als ich die Vogelkarten schrieb, doch die Erkenntnis ging noch tiefer, als mir Joyce einen ersten Entwurf ihrer Arbeit schickte – und sie hatte den Eisvogel ausgewählt!

Ich habe die Vogelkarten als eine hilfreiche Methode während meiner psychologischen Beratungstätigkeit erfolgreich eingesetzt – am Ende einer Sitzung zum Beispiel. Dabei bat ich den Klienten bzw. die Klientin eine Karte zu ziehen und die Botschaft laut vorzulesen. Häufig war diese so passend, dass sie sogar Männer zum Weinen brachte.

Man kann die Karten ebenso auf vielerlei Weise für sich selbst benutzen. Ich liebe es, jeden Tag eine Karte zu ziehen, einfach nur um die Art der Energie zu spüren, die mir der Tag „anbietet" und die Lektion zu bekommen, die zu dieser Zeit vorrangig ist. Ich habe auch oft bedeutsame Begegnungen mit Vögeln im täglichen Leben, und dann bin ich immer wieder erstaunt über die Genauigkeit der Botschaft, wenn ich den Text wieder lese. So zum Beispiel bevor Joyce, die Künstlerin, uns in Kapstadt besuchen kam, um mich das erste Mal zu treffen. Als ich mit meinem Wagen die Straße entlang fuhr signalisierte mir ein Nachbar, langsam zu fahren, weil weiter unten eine Gänsemutter mit ihren Küken gemächlich über die Straße wanderten und der Gänserich dabei den Abschluss bildete. Das war nicht etwas, was ich früher schon einmal in unseren Vororten gesehen hatte! Bei der Gans-Energie geht es um Triumph und Vollendung – ich liebte diese Botschaft.

Als ich zum ersten Mal Joyce in Holland besuchte, stolzierte ein großartiger Pfau zur Begrüßung umher, eine Botschaft für uns beide, dass wir uns gegenseitig für dieses Projekt lieben und anerkennen sollten. Das sind die Dinge, die ich dafür liebe, dass ich die Vogelkarten nun in meinem Leben habe – sie geben mir die Gelegenheit, dass das Leben mit seinen eigenen besonderen Bildern zu mir sprechen kann. Im Kapitel „Verschiedene Weisen die Karten zu nutzen" habe ich einige weitere besondere Arten beschrieben, mit denen du mit den Karten spielen kannst, um neue Einsichten über dein Leben zu gewinnen.

Mir ist klar geworden, dass durch das Geschenk der Vogelkarten und auch meine Erfahrungen bei der Herstellung der Essenzen, das Vogelreich wünscht, sich mit uns zu verbinden und uns seine sehr besondere und machtvolle Hilfe in dieser kritischen Zeit der Geschichte des Planeten anbietet. Durch die Vogelkarten erweckt uns das Vogelreich zu der Tatsache, dass es für einen Zweck da ist und dieser für uns zugänglich ist: wir müssen nur fragen.

Jane Toerien

Die Geschichte der Künstlerin

Zwei Wochen nachdem ich das Leben um ein neues und erhebendes spirituelles Kunstprojekt gebeten hatte, kam ich mit Jane in Kontakt, wie sie es in ihrer Einführung beschreibt. Damit begann ein sehr bereichernder und wunderbarer kreativer Prozess für mich.

Die Reihenfolge, in der ich die Karten malte, war eine andere als die, in der Jane schrieb. Ich hörte einfach auf den inneren Impuls und wartete darauf, welcher Vogel sich mir „selbst bekannt machen" wollte. Diese Reihenfolge war dann Teil meines eigenen Geburtsprozesses. Die Symbole, die ich für den Hintergrund auswählte, kamen mir oft in völlig unerwarteten Augenblicken. Dann machte ich mir Notizen von ihnen, weil ich oft noch nicht wusste, wo oder wie ich sie gebrauchen sollte. Ich habe einige detaillierte Erklärungen meiner Auswahl der Symbole am Ende des Buches im Kapitel „Notizen der Künstlerin" aufgeschrieben.

Ein gutes Beispiel ist die Beschreibung Janes in der Einführung wie die Idee der Phönix-Karte in ihr entstand. Zu dieser Zeit wusste ich nicht, auf welchen Vogel sich dieses Symbol bezog.

Es kam häufig vor, dass der Vogel, den ich gerade malte, zur selben Zeit mit Ereignissen erschien, die sich in meinem eigen Leben entfalteten oder sogar zusammen mit Weltereignissen. Ich hatte das Bild des „Blauracke" beinahe fertig, als am 11. September 2001 der World Trade Center in New York durch einen Terroranschlag zerstört wurde. Ich hatte das Gefühl, als ob die Vogelenergie durch diese Synchronizität die Möglichkeit zum Aufwachen zu unserem Wahren Selbst anbot, jenseits von allen Trennungen. Der Vogel, der nach diesem Ereignis gut passte, war der Kuckuck, der den Beginn eines neuen Zyklus anzeigt.

Um den Hintergrund des Vogels zu illustrieren, wählte ich aus dem Text einen Teil aus oder eine Idee, der ich eine geeignete symbolische Form geben könnte. Der Malprozess bei der Turteltaube war besonders bemerkenswert. Der Text spricht davon, wie die Energie der Turteltaube die göttlich inspirierte Mission des Erzengel Michaels auf dem Planeten ausdrückt, um ein Kraftfeld der Liebe herzustellen, um jede Kreatur und jedes Element auf dieser Erde zu erheben. Als ich beim Malen das Herz in den Himmel zeichnete erschien die Silhouette der Figur des Erzengel Michaels darin. Das habe ich nicht absichtlich selbst getan, tatsächlich habe ich keine menschlichen Formen in irgendein anderes Bild hineingemalt.

So wie Jane es von sich schreibt, kam auch ich manchmal ins Stocken oder kam nicht richtig voran. Ich malte den Kolibri fünfmal und war immer noch nicht zufrieden. Dann hatte ich den Impuls, nun den Geier zu malen, der ganz leicht kam, und als ich ihn beendet hatte, konnte ich den Kolibri endlich richtig zu Ende bringen.

Ich wählte intuitiv die Edelsteine und Mineralien, die ich in den Bildern benutzte, es musste sich einfach „richtig" anfühlen. Für den ausgestorbenen Dronte zum Beispiel hatte ich das starke Bedürfnis, dass ich einen Schneeflocken-Obsidian malen sollte, der ein vulkanisches Material ist – und danach entdeckte ich, dass der Dronte nur auf zwei Vulkaninseln existierte, was ich zuvor nicht wusste.

Ich bin so dankbar, dass ich an diesem einzigartigen Projekt mitmachen konnte!

Joyce van Dobben

Wie du die Karten nutzen kannst

„Sei fröhlich und erfreue dich am Nektar des Lebens“
(Der Honigsauger)

Die Vogelkarten wurden für mich zu einer Lebenshilfe. Sie lehrten mich, die Welt auf eine neue Weise zu sehen, als eine Erweiterung meines Selbst, und sie reflektieren in mir die Botschaften und Affirmationen, die mir das Gefühl vermitteln, dass alles Leben mich liebt, mir Halt gibt und mich mit ihm eng verbindet. Die naheliegende und unkomplizierte Art und Weise, die Vogelkarten zu gebrauchen ist einfach: Mische die Karten, breite sie zu einem Fächer aus (mit dem Rücken nach oben) und ziehe eine Karte. Dann lese die Botschaft, die im Text dazu steht. Diese Botschaft wird dir die Energie widerspiegeln, die du in diesem Moment ausdrückst. Du kannst auch innerlich eine Frage stellen, eine Karte auswählen und die Karte wird dir eine Antwort vorschlagen. Das Unterkapitel „Arbeit mit den Affirmationen“ erklärt die ganzen Implikationen des Aussprechens der Affirmation zur jeweiligen Karte, wenn du einmal den Text zur gewählten Karte gelesen hast.

Wenn eine Karte umgekehrt im Stapel liegt, hat das in diesem System keine Bedeutung. Deshalb ist es eine gute Idee, alle Karten gleich „richtig herum“ anzuordnen, bevor du damit arbeitest, aber wenn eine dennoch verkehrt liegt, spielt das keine Rolle für die Aussage.

Die Karten können während einer Therapiestunde als eine Hilfe genutzt werden, um der beteiligten Person eine stärkende und zeitlose Botschaft mitzugeben. Dabei wird in den meisten Fällen die Person, die Klientin oder der Klient, einfach eine Karte aus dem vorher gemischten Kartensatz herausziehen und den Text dazu lesen. Wenn der Therapeut Erfahrung mit den verschiedenen Legearten hat, die noch beschrieben werden, können diese auch in den Therapieprozess einbezogen werden, da sie sehr vieles offenbaren können.

Wenn du eine besondere Begegnung mit einem Vogel hast, entweder im wirklichen Leben oder in einem Traum oder einer Meditation, kann das Buch als Nachschlagewerk dienen und dabei helfen, die Metapher und die Botschaft zu entschlüsseln. Manchmal haben Menschen das Gefühl, dass sie einen „besonderen Vogel“ haben oder ihr eigenes Vogelsymbol. Auch da rate ich, meinen Text dazu zu lesen, weil dieser viele Hinweise bringen kann. In diesem Kapitel gibt es auch eine Legeweise, die zur Bestimmung des eigenen Vogelsymbols führen kann.

Ich benutze die Karten täglich, weil sie mir ein Gefühl für die Energie geben können, die ich für meine Arbeit an diesem Tag gebrauchen kann.

Als ich die Texte schrieb, hatte ich das Gefühl eine echte Mysterienschule zu absolvieren, in der ich nach und nach die Energie jedes einzelnen Vogels erfahren und damit arbeiten konnte, bis ich die Lektion verstanden hatte. Erst dann konnte ich zum nächsten Vogel weitergehen. Diese Technik ist eine andere Möglichkeit, die Vogelkarten zu nutzen. Die Zahlen sind nicht willkürlich und die Reihenfolge hat eine Bedeutung. So kannst du selbst auch in deine private Mysterienschule gehen, indem du die Energie und das Thema jeden Vogels durchlebst und die begleitenden Affirmationen nacheinander für dich nutzt. Du wirst auf deine Weise herausfinden, wenn du weitergehen sollst oder ob du einer anderen Reihenfolge nachgehst. Dafür kannst du auch einen Pendel oder den kinesiologischen Muskeltest einsetzen, falls du diese Methoden kennst. Wenn du eine tiefe Verpflichtung für deine eigene Selbstverwirklichung eingegangen bist, wirst du erkennen, dass dies ein lohnender und tief berührender Prozess ist.

Erleuchtendes Bewusstsein und Gott

Wenn du die einzelnen Vogeltexte liest, wirst du öfter auf den Begriff „das erleuchtende Bewusstsein" stoßen.[1] Damit ist die *Deva* oder der *Engel* des Vogels gemeint, der uns erleuchtet. Dieses höhere Bewusstsein jede Vogelgruppe umhüllt uns mit seinem Licht und erleuchtet unser individuelles Bewusstsein, das in Resonanz mit dem ganzen Bewusstsein mitschwingt. Mit „Vogelgruppe" meine ich jene Vögel, die ähnliche Qualitäten haben, wie zum Beispiel die spatzenartigen Vögel, die adlerartigen Vögel, die rebhuhnartigen Vögel usw. Jedes erleuchtende Bewusstsein der Vogelart ist eine intelligente, unsichtbare, organisierende Kraft. Wenn du einige Texte zu den Vögeln gelesen hast, wirst du sehen, dass jeder einzelne eine andere Art von Heilenergie anbietet. Das bedeutsame Erscheinen eines Vogels in deinem Leben, entweder tatsächlich in der Umwelt oder durch die Wahl einer Vogelkarte, in einer Meditation oder eines Traums, weckt dich zu der Tatsache auf, dass dieses größere Bewusstsein, von dem der Vogel ein Ausdruck oder eine sichtbare Erscheinung sein kann, deine Aufmerksamkeit verlangt, weil seine Energie dir in deiner gegenwärtigen Lebenslage helfen kann.

Weil im Reich des Bewusstseins nichts voneinander getrennt ist (wir sind tatsächlich alle ein umfassendes, intelligentes Bewusstsein), bist auch du

1 Anm. des Übersetzers: Ich habe für den holländischen Begriff „das alles überstrahlende Bewusstsein" im Deutschen „das erleuchtende Bewusstsein" benutzt, weil ich das Gefühl habe, dass die Botschaften der verschiedenen Vögel unser Bewusstsein tatsächlich „erleuchten". Du kannst dir natürlich die andere Formulierung synonym dazu denken. Noch eine Bemerkung: Ich habe die Du-Form im Text gewählt, weil diese bei dieser Art der Ansprache der Autorin sich richtiger und persönlicher anfühlt als das distanzierende „Sie".

wahrhaftig nie allein. Die metaphysische Welt, von der das erleuchtende Bewusstsein der verschiedenen Vogelenergien ein Teil ist, ist immer mit allem verbunden und allem gewahr, was geschieht, genauso in dir und in allen Erscheinungen des Universums.

Das individuelle Bewusstsein der Vögel wird überstrahlt von dem leuchtenden Bewusstsein des ganzen Vogelreiches, das ein enormes Mitgefühl und ungeheure Freude ausstrahlt. Dieses Bewusstsein ist eng verbunden mit dem Erzengel Raphael, der verantwortlich für den Bereich der Heilung ist. Und alles überstrahlend, alle Erzengel und alles andere ist der GEIST, auch bekannt als Gott, der überall anwesend ist und daher auch in jedem Teilchen der Materie des Universums.

Ich habe das Wort „Gott" im Text dem Wort „Geist" vorgezogen, weil ich mehr das persönliche Gefühl davon mag. Aber auf keinen Fall stelle ich mir Gott als eine Art Weihnachtsmann vor, der auf eine Wolke sitzt, und mich willkürlich segnet oder straft. Doch ich erfahre Gott in zwei Formen: als intensive persönliche Erscheinung und als unpersönliche, umfassende Macht zugleich. Gott ist alles, was existiert, doch dies beinhaltet, dass Gott auch du und ich ist. Den Gott, der in mir ist, nenne ich Selbst, und die Entdeckung der Göttlichkeit des Selbst ist das, um das es bei der Selbstverwirklichung geht. Eine selbstverwirklichte Person erfährt sich als Einheit mit Gott und daher auch mit dem Universum. Dies ist tatsächlich der Pfad, den wir alle entlang gehen, ob wir es wahrnehmen können oder auch nicht. Es ist der Pfad zurück zur Wieder-Selbst-Er-Innerung, zur Erkenntnis, dass jeder von uns in seinem Wesen Gott ist. Wir waren nie etwas anderes als Gott, wir haben nur zwischendurch beschlossen, dies zu vergessen. Wir haben geschlafen und allein durch die Selbst-Erinnerung werden wir wieder aufwachen. An dieser Stelle kommen die Affirmationen in diesem Buch ins Spiel: Sie geben uns die Möglichkeit, um Hilfe zu bitten. Dabei haben wir einen freien Willen – wir haben den freien Willen uns dafür zu entscheiden, weiter zu schlafen, indem wir nicht um Hilfe bitten. Oder wir können uns entscheiden, um Hilfe zu bitten und uns helfen zu lassen. Die Affirmationen auszusprechen ist eine besondere Art der Bitte, und die Antwort wird ganz real sein, denn sie bringt die heilende Energie des Vogelreiches, das selbst ein Geschenk Gottes ist.

Die Arbeit mit den Affirmationen

Wenn du die Karten in den vorgeschlagenen Mustern auslegst oder einfach eine Karte ziehst, erhältst du die Gelegenheit, die Kraft des alles überstrahlenden und erleuchtenden Bewusstseins einzuladen, dir bei deinen Angelegenheiten beizustehen. Um jedoch in den Genuss dieser Hilfe zu kommen, musst du tatsächlich darum bitten, es reicht nicht, nur den Text zu lesen. Du bittest indem du die vorgeschlagene Affirmation laut liest oder sprichst. Es ist auch möglich, dass du es mit deinen eigenen Worten sagst.

Wenn du um Hilfe bittest, wird die Energie des jeweiligen Vogels in deinem eigenen Energiefeld gegenwärtig sein. Aber folgendes ist wichtig: Wenn du eine Zeit lang an einem Thema arbeitest, musst du die Affirmation täglich wiederholen, um die Vogelenergie in deinem Leben wieder zu erneuern. Wenn du es nur einmal sagst und es dann vergisst, kann es eine unmittelbare Antwort geben und du wirst eine Veränderung in dir spüren, aber die Verbindung wird langsam wieder nachlassen.

Das tägliche Sprechen der Affirmation erinnert dich auch daran, an welcher Frage oder welchem Problem du gerade arbeiten möchtest, so dass du die Sache während dieser Zeit in bewusster Aufmerksamkeit halten kannst. Es ist eine gute Idee, die Affirmation aufzuschreiben (z. B. auf eine Haftnotiz) und sie irgendwo hinzuheften, zum Beispiel an den Badezimmerspiegel oder Kühlschrank, so dass du immer daran erinnert wirst und sie so wieder in deinem persönlichen Bewusstsein wirksam werden kann.

Klarheit der Absicht

In den Anweisungen für die verschiedenen Legemuster auf den nächsten Seiten habe ich wiederholt darauf hingewiesen, dass du dich mit Absicht für eine bestimmte Legeart entscheiden und dies dann ganz deutlich in deinem Geist verinnerlichen solltest. Am besten ist, die Absicht laut kundzutun wie zum Beispiel: „Ich möchte jetzt diese Legeweise benutzen". Du kannst dir diese Absicht auch einfach aufschreiben, wenn es dir leichter fällt. Am besten wäre, wenn du alle drei Absichtserklärungen zusammen durchführst. Der Fokus auf eine Absicht und die damit verbundene Klarheit der Entscheidung ist die deutlichste Reaktion in allen Situationen, in denen du dich wieder findest, einschließlich der Wahl einer Vogelkarte oder der Frage nach der Klärung einer persönlichen Situation durch die Legeweise. Um die besten Ergebnisse von den Legeweisen zu erhalten, ist es hilfreich, nicht in Eile zu sein und einen entspannten inneren Zustand zu haben oder herbeizuführen. Nimm dir Zeit, deine Frage deutlich zu formulieren und auch, die Antwort genauestens aufzunehmen. Mit diesen Grundbedingungen bist du in der Lage, dem Prozess einen entsprechenden Wert zu geben. Du wirst eine Antwort erhalten, egal in welchem Geisteszustand du gerade bist – manchmal wird die Antwort selbst dabei helfen, deine Verwirrung zu beheben –, doch je klarer du mit deiner Frage umgehst, um so spezifischer und genauer wird die Antwort sein. Das gilt selbstverständlich auch für andere Kartensysteme.

Die Legeweisen der Karten

Die einfachste Weise, mit den Vogelkarten zu arbeiten ist: mische alle Karten, lege sie in einem Fächer mit dem Bild nach unten auf eine Platte oder einen Tisch, dann ziehe eine Karte und lese den Text dazu. Der gewählte Vogel wird die Energie zurückspiegeln, welche du in diesem Moment am stärksten verkörperst. Wenn du eine Frage hast, kannst du die Frage im Kopf behalten und dann die Karte ziehen, und die Karte wird ein Licht auf das Thema werfen, das dich beschäftigt.

Außer dieser einfachen Methode gibt es sieben Legemuster, die du dir aussuchen kannst. Die ersten beiden vorgestellten Legeweisen geben dir Informationen über dich selbst als eine individuelle Seele und diese Legemuster sollten nur einmal benutzt werden (außer du hast das Gefühl, die gezogene Karte passt überhaupt nicht zu dir – das ist deine Entscheidungsfreiheit). Die anderen fünf haben mehr damit zu tun, dir zu einer Einsicht zu verhelfen über die Themen, mit denen du gerade im alltäglichen Leben beschäftigt bist. Du kannst diese so oft wie du willst benutzen, je nach Bedarf.

Setze dich bequem hin, am besten an einen Tisch oder lege ein Brett oder Tablett hin, auf das du die Karten auslegst. Am besten benutzt du auch ein Notizbuch, um dir alles aufzuschreiben, was gerade geschieht oder welche anderen Antworten noch in deinen Geist kommen, denn die Ergebnisse machen oft später einen Sinn. Entscheide dich – wie erwähnt mit Absicht – für eine der Legeweisen und mische dann die Karten. Bleibe einen Moment still und zentriere dich. Wenn du dich bereit fühlst, lege die Karten gemäß den Anweisungen aus.

Den „besonderen Vogel“ finden

Ziehe deinen eigenen Vogel (1 Karte)

Viele Menschen haben bereits einen bevorzugten „persönlichen Vogel“ (damit ist nicht der witzige gemeint!), mit dem sie eine besondere Beziehung haben. Dieser erscheint ihnen häufiger, und das kann bei allen möglichen Gelegenheiten sein: im Alltag, in Träumen, Meditationen, Visionen oder sogar als wiederkehrendes Motiv bei künstlerischer Arbeit. In diesem Fall wäre es ausreichend, einfach den entsprechenden Text zu diesem Vogel zu lesen. Wenn du einen eigenen besonderen Vogel kennen lernen möchtest, wird diese Legeweise dir helfen. Der „besondere Vogel“ ist auch der „Herzvogel“ – er ist derjenige, der am stärksten mit dir resoniert. Am besten ist es, diese Legeweise der Karten nur einmal durchzuführen; daher rate ich dazu, es dann zu machen, wenn du dich wirklich zentriest fühlst und in der Lage bist, den Text und die Affirmation voll aufzunehmen.

Lege die Karten für dieses Muster entsprechend der Abbildung aus, die Bildseite der Karte nach unten. Es spielt keine Rolle, in welcher Reihenfolge das gemacht wird, wichtig ist, das Muster so zu legen wie gezeigt. Es ist ersichtlich, dass dieses Muster einen Vogel darstellt. Der Prozess des Kartenlegens ist selbst eine Art der Meditation, wenn du es langsam und ruhig ausführst. Wenn du dann die Karten ausgelegt hast, betrachte eine Weile lang das Muster. Werde nicht unruhig dabei, nimm dir die Zeit und wandere mit deinem Blick über das Muster, entspanne dich innerlich so tief wie möglich. Du wirst vielleicht bemerken, dass eine der Karten intuitiv deine besondere Aufmerksamkeit anzieht. Keine Eile. Bleibe ruhig sitzen, solange, bis du ganz sicher bist, welche Karte es sein wird. Erst dann drehe die Karte um und schaue, welche es ist. Lese den Text dazu und dann spreche die Affirmation. Wenn du das Gefühl hast, die Karte ist tatsächlich die richtige, dann kannst du diese Affirmation immer wieder aussprechen, wenn du sie benötigst oder wenn sie dir sehr nahe ist und mit deinem Wesen resoniert.

Der „besondere Vogel“

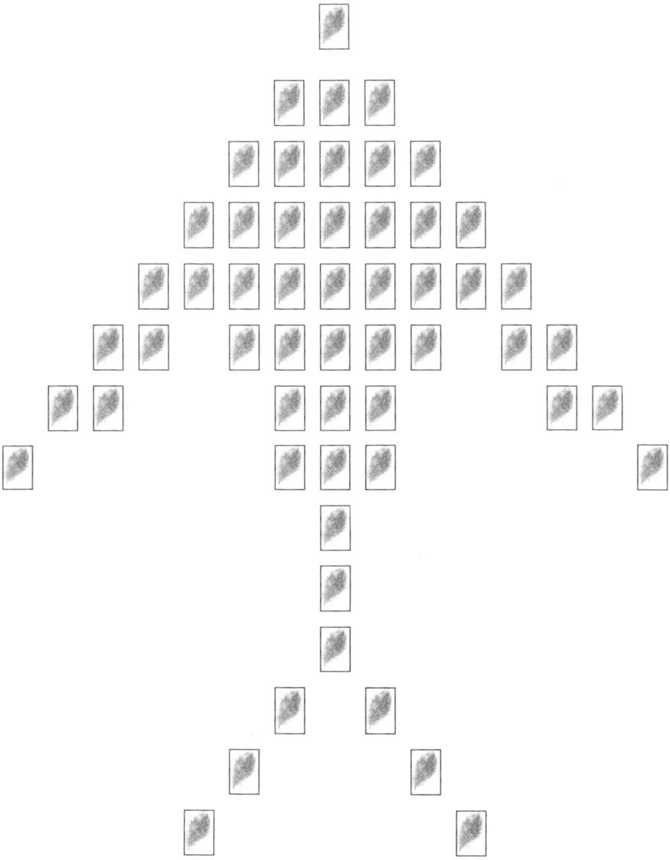

1. Beschließe absichtsvoll, ausgesprochen und niedergeschrieben die Tatsache, dass du nun diese besondere Legeweise ausführen willst.
2. Mische die Karten und lege sie dann mit dem Bild nach unten in das entsprechende Muster.
3. Bleibe still sitzen und spüre nach, welche Karte dich besonders oder am stärksten anzieht.
4. Wenn du dir sicher bist, drehe die Karte um. Das ist dein „besonderer Vogel“.
5. Lese den Text zum ausgewählten Vogel.
6. Sage die Affirmation.
7. Schreibe alles auf, was während des Prozesses geschehen ist.

Das Blaurackenmuster

Die Erinnerung an dich selbst (2 Karten)

In der Tiefe deines Wesens weißt du, wer du bist. Du kennst auch den Pfad, dem du zu deiner Selbstverwirklichung folgen solltest und die Art der Arbeit, die du in der Welt erledigen musst. Doch den meisten von uns gelingt es nicht leicht, dieses Wissen zu entdecken und zum Leben zu erwecken. Manchmal haben wir eine kurze Ahnung davon, doch die meiste Zeit ist dieses tiefe Wissen bewölkt. Diese folgende Legemethode ist machtvoll – sie wurde dafür entworfen, um dich mit dem Wissen in dir wieder bekannt zu machen. Wie auch die erste Methode, sollte diese Legeweise nur einmal durchgeführt werden. Daher auch der Rat, es zu einer Zeit zu machen, wenn du entspannt bist und du dich so gut fühlst, dass du auch bereit bist, diese Information aufzunehmen. Schreibe dir die Vögel auf, die erscheinen werden, so kannst du immer wieder auf sie zurückkommen.

Betone deutlich deine Absicht, dass du diese Legeweise nun ausführen wirst. Mische die Karten gut. Wenn du dich bereit fühlst, lege den ganzen Kartenstoß auf die Bildseite. Teile die Karten in zwei Teile. Lege den oberen Teil nun rechts vom anderen, unteren Teil und drehe die obere Karte des unteren Teils um. Dies ist die erste Karte in der Abbildung.

Die umgedrehte Karte repräsentiert *den Pfad, dem du folgen solltest, um zur Selbstverwirklichung zu gelangen*. Jeder Mensch ist anders und jeder folgt einem individuellen Weg zum gleichen Ziel. Was ist dein eigener Weg? Diese Karte gibt dir die Antwort. Lese den Text und nehme die Bedeutung in dich auf. Schreibe dir den Namen des Vogels auf, zusammen mit deinen Gedanken und Gefühlen dazu, so dass du immer wieder darauf zurückkommen kannst. Spreche die entsprechende Affirmation laut aus und schreibe sie ebenfalls dazu. Über die Bedeutung und Vorgehensweise mit der Affirmation habe ich bereits geschrieben.

Wenn du dich bereit fühlst, weiter zu gehen, dann nehme den oberen Teil der Karten, die du rechts hingelegt hast und teile diese in zwei weitere Teile. Lege den oberen abgenommenen Teil wieder rechts davon hin. Drehe wieder die oberste Karte des neuen linken Teils um. Dies ist die Karte 2 in der Illustration.

Die umgedrehte Karte stellt *die Arbeit dar, die du in der Welt ausübst*. Mit Wahrscheinlichkeit hat diese nichts mit der Berufsarbeit zu tun. Es bezieht sich vielmehr darauf, welche Wirkung du hast entsprechend dem, was du bist. Nehme dir Zeit, die Bedeutung dieser Karte für dich zu absorbieren.

Lese den Text und schreibe dir den Vogel auf, ebenso auch die Gedanken und Gefühle, die damit verbunden sind. Spreche die Affirmation dazu aus, schreibe sie ebenfalls auf und erinnere dich immer wieder daran.

Nun haben sich die Wolken für einen Augenblick geteilt und das Licht konnte hindurch scheinen. Nun kommt es auf dich an, was du mit dem Moment der Erleuchtung über das, was du bist und was du tun kannst, anfangen wirst. Wenn du diese Offenbarung am Leben hältst, indem du die Affirmation täglich aussprichst, wirst du bemerken, dass das, was du über dich selbst herausgefunden hast, nicht mehr bewölkt ist, sondern ein deutlicher Ausdruck dessen, wer du bist.

Das Blaurackenmuster

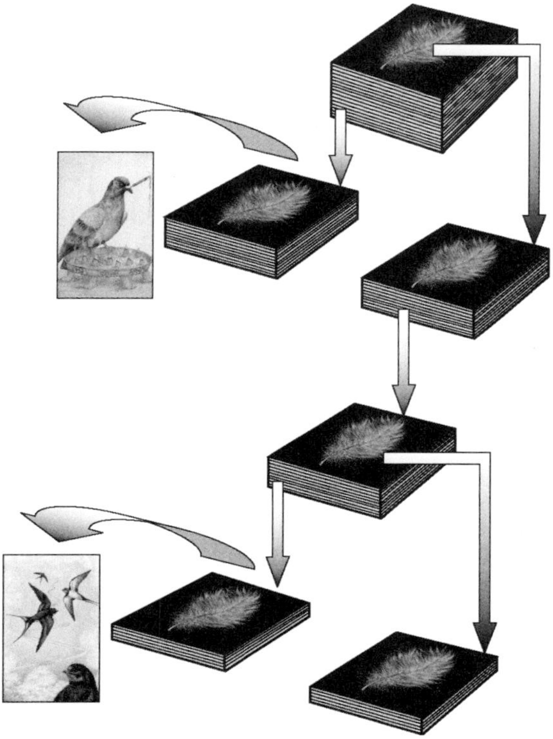

1. Mische und teile die Karten.
2. Lege den obersten Teil nach rechts.
3. Legen den unteren Teil nach links.
4. Drehe die oberste Karte dieses Teils um, du hast die erste Karte.
5. Teile nun die rechte Kartenportion.
6. Lege die oberste Hälfte nach rechts.
7. Lege die untere links.
8. Drehe davon die oberste Karte um, du hast die zweite Karte.
9. Lese die Erklärungen, um dich zu erinnern, was die Karte 1 und 2 bedeutet.
10. Spreche jede der beiden Affirmationen.
11. Schreibe dir auf, was während des Prozesses geschehen ist.

Das Schwalbenmuster

Dein Selbst erweitern (6 Karten)

Mische die Karten und fächere sie aus. Lege sie mit der Bildseite nach unten auf den Tisch. Sage dir laut, dass du jetzt die „Schwalbe" legst, um dein Selbst und dein Bewusstsein zu erweitern. Dann wähle eine Karte. *Die erste gezogene Karte wird das darstellen, was du jetzt gerade bist.* Das ist Karte 1 in der Illustration. Drehe sie um, um das Bild zu sehen, und lese den Text dazu. Nimm dir Zeit, um die Aussage wirklich zu begreifen. Schreibe eventuell deine Gedanken dazu auf.

Als nächstes ziehe weitere fünf Karten aus dem Fächer und arrangiere sie um die erste Karte entsprechend des Musters. Bild nach unten. *Diese Karten repräsentieren Eigenschaften, die du benötigst, um dich auf dein inneres Potenzial zu konzentrieren und dieses zur vollen Entfaltung zu bringen.* Es spielt bei dieser Legeweise keine Rolle, in welcher Reihenfolge du den Text liest, doch nehme dir beim Lesen des Textes zu jeder Karte ausreichend Zeit, die Implikationen zu verstehen. Wie immer ist es gut, alle Gedanken und Einsichten aufzuschreiben. Spreche die jeweilige Affirmation zur Karte, wenn du sie aufgedeckt hast. Lade die Energien der einzelnen Vögel bewusst in dein Leben ein, damit sie dir helfen mögen zu wachsen. Es ist immer gut, jeden Tag die Affirmation neu zu bekräftigen. Es ist auch interessant, die Antworten ein paar Monate später noch einmal zu lesen, um zu sehen, wie du mit dieser Sache weiter gekommen bist.

Das Schwalbenmuster

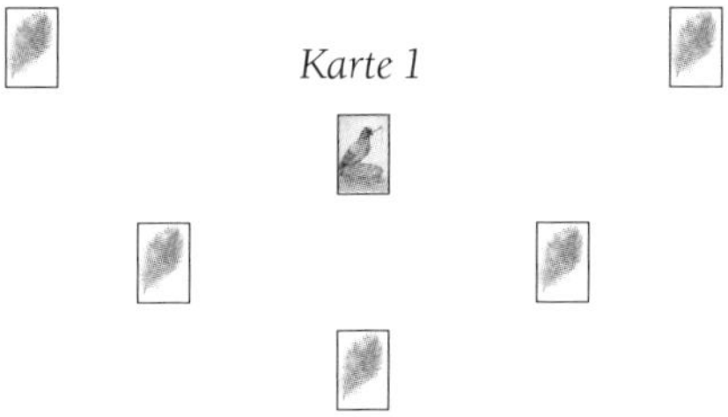

1. Spreche deutlich aus, dass du nun daran gehst, dieses Kartenmuster zu legen, um Hilfe für das Wachstum deines Selbst zu bekommen.
2. Ziehe eine Karte aus dem Fächer und lege sie offen hin.
3. Lese noch einmal nach, was diese Karte darstellt und lese den Text zu dem entsprechenden Vogel.
4. Danach ziehe weitere fünf Karten und lege sie entsprechend des Musters mit dem Bild nach unten aus.
5. Decke die Karten nach und nach auf und lese den Text dazu.
6. Spreche jede Affirmation dazu.
7. Schreibe dir auf, was während des Vorgangs in dir abgelaufen ist, deine Gedanken und Vorstellungen.
8. Wiederhole jede Affirmation täglich, um die Energie lebendig zu halten, so dass sie dein ganzes Potenzial zu verwirklichen hilft.

Das Storchenmuster

Ein Ziel erreichen (7 Karten)

Dies ist ein Legemuster, das du für einen besonderen Seinszustand oder ein Ziel, das du erreichen willst, anwenden kannst. Der Prozess wird dir dabei helfen zu erkennen, was das Erreichen des Ziels in verschiedenen Lebensbereichen behindert. Um mit dieser Legeweise zu arbeiten, musst du dir viel Zeit nehmen, weil es viel zu verstehen und nachzudenken geben wird.

Denke über das Ziel nach, an dem du arbeiten willst, spreche es aus oder schreibe es auf. Halte den Kartensatz, fächere ihn auf mit den Bildseiten nach unten. Wähle eine Karte und lege diese mit der Bildseite nach oben vor dich hin (das ist die Karte 1 in der Illustration). Dies ist der Vogel, den du ausgewählt hast, um dein Ziel darzustellen. Da du nun weißt, welcher Vogel es ist, kannst du den Text dazu lesen. Denke darüber nach, versuche zu verstehen, warum ausgerechnet dieser Vogel auftrat. Es wäre auch empfehlenswert, deine Gedanken ins Notizbuch aufzuschreiben.

Die weiteren 6 Karten des Legemusters werden die verschiedenen Bereiche in deinem Leben repräsentieren, die du angehen musst, um den entsprechenden Seinszustand oder dein Ziel – dargestellt durch die erste Karte – zu erreichen. Ziehe nun 6 Karten aus dem Kartenfächer und lege sie genau in der Reihenfolge aus, in der sie gezogen wurden. Lege sie wie in der Illustration nebeneinander, immer mit der Bildseite nach unten. Du wirst sie dann nach und nach aufdecken und ich werde beschreiben, was sie dir sagen sollen.

Ich schlage vor, dass du deine Gedanken aufschreibst und die Affirmationen aussprichst, nachdem du den jeweiligen Text gelesen hast, bevor du zur nächsten Karte weitergehst.

Karte 2: *Familie.* Der gezogene Vogel ist die Energie, die du brauchst, um die Themen zu klären, die sich auf deine Familie beziehen, und dir helfen sollen, deinem Ziel von Karte 1 näher zu kommen. Wenn du den Inhalt der einzigartigen Bedeutung dieser Karte für dein Leben, nachdem du den Text gelesen und verstanden hast, aufgenommen hast, spreche die Affirmation und drehe dann erst die nächste Karte um.

Karte 3: *Partnerschaft.* Der gezogene Vogel ist die Energie, die du brauchst um mit bedeutsamen Partnerschaften in deinem Leben weiter zu kommen, so dass es nichts mehr in diesem Bereich gibt, der dich an der Erfüllung deines Ziels hindert.

Karte 4: *Deine Arbeit in der Welt.* Der gewählte Vogel ist die Energie, die du in Bezug auf deine Arbeit in der Welt brauchst, um dein Ziel zu erreichen. Deine „Arbeit in der Welt" ist entweder der aktuelle Job oder was du potenziell als einen Dienst anbieten könntest. Es kann auch einfach das sein, was du bist und die Wirkung, die du auf andere durch dein Leben hast.

Karte 5: *Dein Selbstwertgefühl.* Bei dieser Sache benötigt jeder Hilfe und der gezogene Vogel wird der besondere sein, der dir am besten helfen kann, Selbstsicherheit zu gewinnen, so dass du auf dein Ziel hinwachsen kannst.

Karte 6: *Das Gebiet, das für deine spirituelle Entwicklung wichtig ist.* Auch hier wird der gewählte Vogel derjenige sein, der genau richtig ist, um einen spirituellen Durchbruch zu erreichen, als Teil deiner Bewegung auf das Ziel hin.

Karte 7: *Deine größten Begabungen, die du für das Erreichen des Ziels einsetzen kannst.* Du bist vielleicht überrascht, was das Leben dir hier zeigt – manchmal sind wir blind für unsere größten Stärken. Was auch immer an dieser Stelle gezeigt wird, höre darauf und lass es zu!

Das Storchenmuster

Karte 1

2 3 4 5 6 7

1. Denke über das Ziel nach, für das du arbeiten willst. Spreche es aus und schreibe es auf.
2. Mische die Karten, fächere sie aus und lege sie mit dem Bild nach unten auf den Tisch. Ziehe eine Karte.
3. Lese den Text dazu und spreche die Affirmation.
4. Drehe diese Karte um und lege sie an den mittleren Platz.
5. Ziehe weitere 6 Karten und lege diese an die entsprechenden Stellen.
6. Lese nach, was die einzelnen Karten an ihren Stellen bedeuten. Drehe Karte 2 um und lese den Text dazu.
7. Spreche danach die Affirmation.
8. Gehe zur nächsten Karte und wiederhole den Prozess. Schreibe alles auf, was dir während des ganzen Vorgangs einfällt.
9. Wiederhole die Affirmation täglich, die am wichtigsten für dich ist, um ihre Energie aktiv zu halten und dir zu helfen, das Ziel zu erreichen.

Das Kormoranmuster

Ein Problem lösen (3 Karten)

Diese Legeweise dient dazu, Hilfe bei einem schwierigen Problem zu erhalten. Fokussiere zuerst das Problem, spreche es laut aus oder schreibe es auf. Dann bitte um die angemessene Hilfe. Wenn du dich zentriert hast, fächere den gemischten Kartenstoß mit der Bildseite nach unten aus und ziehe dann drei Karten. Lege die Karten ebenfalls mit der Bildseite nach unten in der gezogenen Reihenfolge auf den Tisch. Wenn du sie nach und nach aufdeckst und den entsprechenden Text dazu liest, ist es sehr nützlich, deine Gedanken aufzuschreiben bevor du zur nächsten Karte übergehst.

Karte 1: *Das Kernproblem.* Der gewählte Vogel wird dir ein Bild vermitteln, was hier das Hauptproblem ist. Vielleicht kannst du nicht vergeben oder du hast zu wenig Selbstwertgefühl oder du bist unfähig, etwas loszulassen. Du solltest die Karten den besonderen Umständen des Problems gemäß interpretieren.

Karte 2: *Die besonders nötige Energie, um den Prozess voran zu treiben.* Der Vogel, der sich hier unter den gegebenen Umständen anbietet, will dir helfen, das vorhandene Thema oder das gegenwärtige Problem zu lösen. Es ist wichtig, dass du hier die Affirmation aussprichst und willentlich diese Vogelenergie in dein Leben einlädst, damit sie dir hilft. Schreibe dir die Affirmation auf und hefte sie irgendwo in deiner Wohnung an eine sichtbare Stelle, damit sie dich immer wieder daran erinnern kann.

Karte 3: *Die Energie, die frei wird, wenn das Problem gelöst ist.* Der gewählte Vogel gibt dir ein Bild davon, wie sich das Leben anfühlt, wenn du das Problem gelöst hast. Ein Blick in die Zukunft. Schreibe alles auf und erinnere dich immer wieder daran, wohin du gehen willst.

Das Kormoran-muster

1 2 3

1. Konzentriere dich auf das Problem, spreche es aus oder schreibe es auf. Dann bitte um die angemessene Hilfe.
2. Wähle drei Karten aus dem vorher gemischten Fächer.
3. Lege die Karten in der gezogenen Reihenfolge vor dich hin, Bild unten.
4. Drehe sie nach und nach um. Lese noch mal die Erklärungen zu den einzelnen Plätzen der Karten. Dann lese den entsprechenden Text.
5. Spreche die Affirmation für jeden Vogel, besonders für die Karte 2.
6. Schreibe dir auf, was während des Prozesses geschehen ist oder auch deine Gedanken dazu.
7. Schreibe dir die Affirmation zur Karte 2 auf eine Haftnotiz und hefte diese dort an, wo sie dich am häufigsten erinnern kann, bis du das Problem gelöst hast.

Das Nachtschwalbenmuster

An deinen Ängsten arbeiten (4 Karten)

Diese Legeweise kannst du dafür benutzen, wenn du Hilfe bei einer immer wiederkehrenden Sorge oder Angst benötigst oder um dir Stärke zu geben, wenn etwas Bedrohliches auftaucht. In diesem Falle ist es gut, wenn du dich auf die Angst fokussierst, bei der du Unterstützung benötigst. Spreche die Sache hörbar aus oder schreibe es auf. Dann bitte um die angemessene Hilfe. Wenn du dich zentriert fühlst, halte die gemischten Karten und fächere sie aus. Nun ziehe 4 Karten daraus hervor. Jede dieser Karten repräsentiert einen Vogel, der ausgewählt wurde, um dir mit deiner Furcht oder Angst zu helfen. Drehe jede Karte mit dem Geist der Dankbarkeit um. Lese die Texte zu den einzelnen Karten der vier Vögel, spreche die Affirmationen und bedanke dich bei den Vogelenergien, dass sie zu dieser Zeit bei dir sind, um dir Stärke zu geben. Schreibe alles mit den Gedanken dazu auf, warum sie für dich ausgewählt wurden. So kannst du dich immer wieder daran erinnern, dass sie für dich da sind. Während der folgenden Tage bestärke immer wieder ihre Gegenwart in deinem Leben und notiere dir, wie die Dinge leichter für dich werden.

Das Nachtschwalbenmuster

1. Fokussiere die Angst, bei der du Hilfe brauchst, spreche sie aus oder schreibe sie auf, und dann bitte um die angemessene Hilfe.
2. Ziehe vier Karten aus dem vorher gemischten Kartenfächer.
3. Lege diese mit dem Bild nach unten vor dich hin.
4. Lese noch einmal die Erklärung.
5. Drehe nach und nach die Karte um.
6. Lese den Text zu jeder Karte.
7. Spreche jede Affirmation aus und bedanke dich bei jedem Vogel, dass er für dich da ist und dir Stärke gibt.
8. Schreibe deine Gedanken und das Geschehen bei diesem Prozess auf.
9. Wiederhole täglich jede Affirmation, um die Energie des Vogels lebendig zu halten und dir zu helfen, die Angst zu überwinden.

Das Fasanenmuster

Deine Stärken und dein unentdecktes Potenzial (5 Karten)

Im Gegensatz zum Fokus auf ein Problem zeigt dieses Legemuster deine besten Fähigkeiten. Halte die vorher gemischten Karten und fächere sie aus. Lege sie auf den Tisch. Ziehe die erste Karte der Illustration und lege sie mit dem Bild nach oben in die Mitte vor dich hin. Ziehe nun Karte 2 und drei und lege sie mit dem Bild nach unten links neben die erste Karte. Dann ziehe die Karten 4 und 5 und lege sie mit dem Bild nach unten zur Rechten der ersten Karte. Nun kannst du die Karten interpretieren.

Die erste Karte repräsentiert dein unentdecktes Potenzial – die Stärke, die du in dir hast, aber die du bis jetzt noch nicht anzapfen konntest. Lese den Text zur Karte und schreibe deine Gedanken dazu auf, bevor du die anderen aufdeckst. Die zwei Karten zur linken Hand, Karten 2 und 3, stellen die Stärken dar, mit denen du auf die Welt gekommen bist, die bereits ein Teil deiner Seele sind. Die zwei Karten zur rechten Hand, Karten 4 und 5, stellen die neuen Stärken dar, die du bereits in deinem Leben erlangt hast, das Vermögen oder die Fähigkeiten, die du auf deinem Lebensweg erworben hast als Ergebnis deiner Erfahrungen.

Nehme dir ausreichend Zeit, die Texte zu den Karten zu lesen, und versuche sie in der Tiefe zu verstehen. Schreibe deine Gedanken dazu auf. Lasse die Affirmationen zu dir sprechen, so dass deine Stärken, welche dir das Leben gibt, durch diese Karten offenbar werden.
Diese 4 Fähigkeiten (Karten 2, 3, 4, 5) sind die Stärken, die du nun nutzen kannst, damit dein unentdecktes Potenzial von Karte 1 in den Vordergrund treten kann.

Lese dir die Affirmation der Karte 1 hörbar vor, denn du bittest damit das erleuchtende Bewusstsein des Vogels dir zu helfen, diesen verborgenen Teil deines Selbst zum Ausdruck zu bringen.

Schreibe alles Wichtige der Karten auf, so dass du dich immer an deine Stärken erinnerst und was du brauchst, um sie zur Geburt in dir zu bringen. Es ist eine nützliche Sache, die Affirmation von Karte 1 auf eine Haftnotiz zu schreiben und diese an den Badezimmerspiegel zu heften – oder jeden anderen Platz, der dir immer wieder ins Auge fällt. Dieses ist eine unbewusste Stärke, die du bewusst machen willst und du solltest dich immer wieder daran erinnern, dass sie vorhanden ist, sonst kann sie nicht verwirklicht werden. Das wäre schade, denn sie wartet darauf, ans Licht des Tages zu treten.

Das Fasanenmuster

1. Mache deutlich deine Absicht kund, innerlich oder ausgesprochen, dass du nun dieses Kartenmuster auslegst, damit du deine Stärken und dein unentdecktes Potenzial erkennen kannst.
2. Ziehe eine Karte aus dem gemischten und aufgefächerten Stoß und lege sie mit der Bildseite vor dich – die Karte 1.
3. Lese die Erklärungen dazu und dann lese den Text zur Karte.
4. Spreche die Affirmation.
5. Lege zwei Karten – Karten 2 und 3 - mit dem verdeckten Bild zur linken von Karte 1.
6. Lege weitere zwei Karten – Karten 4 und 5 – zur rechten von Karte 1.
7. Lese nach, was diese Karten repräsentieren.
8. Decke die Karten nach und nach auf und lese die entsprechenden Texte dazu.
9. Schreibe auf, was in diesem Prozess in dir geschah.
10. Schreibe dir die Affirmation des Vogels von Karte 1 auf eine Haftnotiz und bringe diese an immer wieder sichtbare Stelle in der deiner Wohnung an.

Die Vogelkarten

Du schwebst auf den Flügeln des Lichts in eine neue Harmonie. Wir wissen um den Klang und wir wissen, was Fliegen bedeutet. Wir können dich erheben und dir zu fliegen helfen. Diese Vogelkarten wurden dir und allen anderen Lebewesen geschenkt, um euch mit uns zu verbinden, so dass wir unsere Aufgabe erfüllen können, euch in diese leichtere Wirklichkeit eures Selbst zu erheben. Wir machen unsere Sache mit Freude, so wird dieses auch zu eurer Freude sein.

Jeder von euch ist schön jenseits der gegenwärtigen sehr begrenzten Vorstellung von euch selbst. Wir sehen die Schönheit in dir. Wir wissen, woher du kommst und wir wissen, wohin du gehst. Komm mit uns.

Lass dich nicht verstricken in Ängste und Sorgen über den Prozess des Werdens zu einer leichteren, beschwingten Form von dir selbst. Bitte uns einfach, dir zu Seite zu stehen und wir sind da. Wir wissen, dass es eine schwierige Herausforderung ist, in einem physischen Körper zu leben. Wir können dich aus der Dunkelheit emporheben, bis du dich daran erinnerst, wer du bist.

Affirmation

Ich vergebe mit ganzem Herzen. Ich rufe das erleuchtende Bewusstsein der Taube an, um alle negativen Energie der gegebenen Situation zu transformieren und diese auf eine Ebene zu erheben, wo sie ihre Ganzheit ausdrücken kann. Ich bin ganz. Ich sehe die Ganzheit in allen Dingen. Ich lasse Schuld und Tadel los. Ich bin frei.

Ringeltaube

Ich habe die Taube als Vogel für die erste Karte gewählt, weil sie, obwohl es ziemlich „gewöhnlich“ erscheint, die Botschaft der Vergebung trägt. Vergebung überwindet für immer jeden Rest an Negativität, der zwischen sich bekämpfenden Gegnern existiert. Die Ganzheit kommt dann zur Geltung, wenn die Vergebung durch das ausgedrückt wird, was die Taube repräsentiert.

Halte die Taube nicht für selbstverständlich. Auch wenn sie in großen Mengen da vorkommt, wo sich viele Menschen aufhalten, ist sie eine wichtige Energie, die man gerne um sich hat. Scharen von Tauben stabilisieren die Erdenergie in Städten, reinigen ihre Atmosphäre und entsorgen vergiftete Energien, die sich dort angesammelt haben. Segne die bescheidene Taube, du bist wirklich privilegiert, ihre Gegenwart in deinem Leben zu haben.

Wenn du das Gefühl hast, die Taube ist dein Vogelsymbol, dann weißt du, dass deine Aufgabe auf der Erde es ist, das zu reparieren, was gebrochen ist. Dieses Lebenswerk kann sich selbst auf verschiedene Weisen ausdrücken, doch jede Art der Arbeit trägt das Versprechen der Ganzheit durch den Akt der Vergebung in sich.

Wenn du die Taube als Teil deiner täglichen Lesung gezogen hast, aber auch als eine Antwort auf eine Frage, dann ist es die Vergebung, die von dir in dieser besonderen Situation verlangt wird. Tauben werden sich um dich kümmern, wenn das dein Thema ist – sie lieben es sich an Plätzen zu versammeln, die nicht in Harmonie zu sein scheinen.

Die Taubenenergie gibt dir einen liebevollen Beistand, wenn du in einem Prozess stecken geblieben bist, der dich zu einem Punkt führen sollte, an dem du etwas oder jemandem vergeben solltest. Lade die Taube in diesen Vorgang und in die Meditation ein, sie wird helfen, eine grundlegende positive Veränderung herbeizuführen. Belastete Orte können gereinigt werden, wenn du das erleuchtende Bewusstsein der Taube bittest, die Verschmutzung zu beseitigen oder umzuwandeln. Jede unglückliche Situation kann auf dieselbe Weise beseitigt werden.

Du energetisiert deinen Planeten durch den Gebrauch der Taubenenergie für diesen Zweck. Deine Zukunft hängt von der Partnerschaft mit der Natur ab. Der Gebrauch des wunderbaren Geschenks, das dir das Vogelreich als natürlicher Verbündeter anbietet, wird eine dauerhafte Wirkung auf alle Ebenen der Vergiftung auf diesem Planeten haben.

Affirmation

Ich verknüpfe mich nun mit meinem eigenen Weg zur Freude. Ich lade das erleuchtende Bewusstsein der Schwalbe ein, mich dabei zu unterstützen und mir alle Hindernisse aus dem Weg zu räumen. Ich erlaube der Freude, in mein Leben einzutreten. Ich stelle mich vollständig in den Fluss meiner eigenen natürlichen Rhythmen und vertraue darauf, dass ich mit meinem eigenen inneren Zeitfluss zur Erfahrung der Freude gelange.

Schwalbe

Die Schwalbe verkörpert das Geheimnis des vollkommenen Gleichklangs mit der eigenen Freude. Die Schwalbe kennt ihre Freude und folgt ihr geradewegs. Obwohl es eine ungeheure Anstrengung erfordert, dahin zu gelangen, wo sie sein soll, die Schwalbe verfolgt ihren Weg bis zum Ende. Sie weiß, das Ziel der Reise ist es wert. Jeder bzw. jede einzelne von uns hat in sich einen Wegweiser einprogrammiert, wie er oder sie zu dieser ultimativen Freude gelangt. Die Schwalbenenergie liefert die Kraft, um sich mit diesem inneren Wegweiser zu verbinden und diesen sinnvoll zu nutzen.

Die eigene Freude zu entdecken ist ein Prozess. Jeder macht Fehler und lernt von dem, was nicht die eigene Freude ist. Die wirkliche Freude ist immer das, was dich zu deinem wahren Selbst zurückbringt. Sie ist der Weg, der dich zum vollsten Ausdruck dessen führt, wer du wirklich bist. Wenn du einmal diese Qualität in deinem Leben ausstrahlen kannst, bist du vollkommen eins mit deiner Freude. Jede Person kämpft damit, ihren richtigen individuellen Ausdruck zu finden. Viele Wege dazu werden gewählt und einige sind besser als andere. Durch die Wahl lernt man langsam immer besser, was zur wirklichen Freude führt und was nicht dazu führt.

Deine Karte sagt dir, dass Freude in deinem Leben vorhanden ist. Du hast vielleicht das Gefühl, dass das Schicksal dir bittere Schläge versetzt und du nicht sehen kannst, dass das Leben jegliche Freude für dich bereithält. Die Botschaft der Schwalbe für diesen Tag ist, dass Freude wieder kommen wird. Es mag eine lange, schwierige Reise sein, doch wenn du deinen inneren Wegweiser findest, wird sie dich unbeirrt zu einem Ort führen, wo die Freude in dir ruht. Jeder hat einen solchen Ort in sich und jeder hat einen eigenen Wegweiser dazu.

Menschen, die sich besonders mit der Schwalbe als ihr persönliches Symbol verbunden fühlen, gehen ihre Pfade zur Freude mit einem feinen Gespür für das Ziel voran. Sie wissen, wohin sie gehen und haben eine recht gute Vorstellung davon, wie sie dahin kommen. Ihre Entscheidungen sind sehr gut in Übereinstimmung mit ihrer Zielvorstellung. Sie sind im Allgemeinen spirituelle Sucherinnen und Sucher. Ihre Freude ist die ultimative Vereinigung mit dem Göttlichen. Während des Voranschreitens lernen sie immer besser, wie sie ihr individuelles Wesen auf eine Weise ausdrücken können, die einen vollständigen Zugang zu ihrem Potenzial ermöglicht. Die größte Freude ist, das eigene Potenzial zu verwirklichen und in die Welt zu bringen.

3 ROTKEHLCHEN 3

Affirmation

Ich erlaube dem erleuchtenden Bewusstsein des Rotkehlchens mein Herz zu öffnen. Ich erkenne, dass ich selbst nur Liebe bin. Nichts als reine Liebe soll sich durch mich ausdrücken. Ich lasse von allen Feindlichkeiten ab. Ich möchte ein Gefäß für den Fluss der Göttlichen Liebe durch mich sein.

Rotkehlchen

Die Energie des Rotkehlchens ist reine Liebe. Wenn du ein Rotkehlchen siehst, öffnet es immer dein Herz. Reine Liebe ist ohne Kritik und das ist das Geschenk des Rotkehlchens. Rotkehlchen spielen eine sehr wichtige Rolle in der Verwurzelung eines besonderen Bewusstseins auf der Erde. Weil sie reine Liebe verkörpern, ist ihre Gegenwart ein wirklicher Segen.

Du kannst mit der Rotkehlchen-Energie immer dann in Berührung kommen, wenn du eine Liebe erfährst, die ohne persönliche Befriedigung gegeben wird. Das ist eine Liebe, die über eine romantische Liebe hinausgeht. Es ist die reine Liebe des Göttlichen, die durch ein offenes Gefäß strömt. Wir werden jeden Augenblick unseres Lebens in dieser Liebe gebadet, doch sehr wenige Menschen können sich selbst so öffnen, dass diese Liebe durch sie fließen kann. Die Energie des Rotkehlchens schüttet diese reine Liebe durch sich selbst aus und hebt so alles in ihrer Umgebung zu sich empor.

Wenn du eine Rotkehlchen-Person bist, dann bist du außerordentlich wichtig für diesen Planeten als ein reines Gefäß für die Göttlichkeit, die sich durch dich ausdrücken kann. Du wirst auf damit auf eine stille, verborgene und sanfte Weise wirken. Auch das Rotkehlchen ist nicht laut oder aufdringlich. Doch die Menschen, mit denen du Kontakt hast spüren, wie sich ihre Herzen in deiner Gegenwart öffnen.

Wenn du diese Karte als Antwort auf eine Frage ziehst oder als eine tägliche Lesung, wird sie dich daran erinnern, dass deine persönliche Befreiung durch die Entwicklung der Fähigkeit der Liebe ohne Bewertung kommt. Schließt du dein Herz in einem bestimmten Augenblick gegen jemanden, weil du meinst, dass deine Erwartungen oder Bedürfnisse nicht erfüllt werden? Mache den ersten Schritt auf deiner persönlichen Reiseroute und lasse alle Abneigungen oder Ressentiments fallen, die dich davon abhalten, deine Liebe auszudrücken. Die Entfaltung deines Herzens ist eine langsamer Prozess der immerwährenden Befreiung von allen negativen Emotionen, die dich davon abschneiden, dass die Liebe durch dich hindurchfließen kann.

Der Segen des Rotkehlchens ist so wunderbar, dass er dir auf jeder Stufe der Entfaltung helfen kann, die Negativität loszulassen und eine immer größer werdende Fähigkeit zur Liebe zu erfahren. Rufe und bitte das Bewusstsein des Rotkehlchens bei diesen Gelegenheiten zu dir und beobachte, wie die Blockaden wie Schnee in der Sonne zerfließen. Rotkehlchen-Bewusstsein ist vollkommen verwoben mit der Göttlichen Liebe und dafür geschaffen, dir zu helfen, in Kontakt mit deiner eigenen göttlichen Natur zu kommen. So lasse das Rotkehlchen heute in dein Herz.

Affirmation

Ich bitte das erleuchtende Bewusstsein des Falken in diesem Moment mit mir zu sein. Ich bitte um Hilfe, einen Durchbruch in meiner Situation zu schaffen. Ich gehe nun mit Mut und Vertrauen voran, um das Problem endgültig zu lösen.

Falke

Die Energie des Falken ist die Energie der Jagd. Sie hat einen scharfen Blick für das Detail und rüttelt dich in jeder Lage wach, weil sie deinen Adrenalinspiegel steigen lässt. Sie erhöht die Bewusstheit für die Feinheiten, auf die es in einer Situation ankommt und erlaubt dir, sich auf die wesentlichen Dinge zu konzentrieren. Es ist eine wunderbare Energie, auf die man immer wieder zugreifen kann, wenn man unter Druck steht, sich mit einer bestimmten Sache zu beschäftigen, die man immer verdrängt hat. Auf einer höheren Ebene kann die Falken-Energie dem spirituellen Sucher den Aufschwung geben, der nötig ist, um einen Durchbruch in einer schwierigen Situation zu schaffen und das gewünschte Ziel zu erreichen. Sie bündelt die Energie und macht den Weg zur Lösung frei. Benutze die Falken-Energie nicht willkürlich. Wenn du das Bewusstsein des Falken in einer bestimmten Situation anrufst, kannst du einen mächtigen Verbündeten erwarten.
Wenn der Falke bereits dein eigenes Symbol ist, dann bist du ein Mensch, der gerne Befehle erteilt. Du hast starke Führerqualitäten und übst leicht Kontrolle über andere aus. Deine Stärke ist die Fähigkeit, Ereignisse durch deine Willensstärke und konzentrierter Anstrengung zu den gewünschten Ergebnissen zu führen. Du bist ein großer Aktivposten in jeder geladenen Situation, weil du schnelle Entscheidungen treffen und die Situation bis zu einer Entscheidung voranbringen kannst. Du bist eine starke und zielgerichtete Person. Falken-Menschen haben weniger Bedenken als die meisten anderen, egal welchen Eindruck sie hinterlassen. Sie wissen, was zu tun ist, und schaffen Tatsachen ohne Berücksichtigung populärer Meinungen. Du hast heute den Falken gezogen, weil du Hilfe benötigst, diese Energie in deine Lebenssituation hineinzubringen. Du musst jetzt diese Energie zweckvoll aus der gegenwärtigen Ermüdung herausheben. Das gelingt dir durch Anrufung des erleuchtenden Bewusstseins des Falken, das dir zur Seite stehen soll. Manchmal kann die Erwiderung dieser Bitte sehr dramatisch ausfallen, bei anderen Gegebenheiten wirkt diese Energie nur mit gedämpfter Kraft oder beinahe unmerklich, doch du kannst sicher sein, dass Hilfe kommen wird.
Du wunderst dich vielleicht, ob ein bestimmter Raubvogel, der eine bedeutende Erscheinung in deinem Leben war, als Falke identifiziert werden könnte. Falken-Energie ist das Bewusstsein, das durch alle kleineren Raubvögel wie Bussard oder Sperber ausgedrückt werden kann. Nur die Adler-Energie hat eine eigene Qualität. Mit der Hilfe des Falkenbewusstseins überwindest du deine alten Barrieren. Leben ist eine dauernde Aufwärtsbewegung zu immer höheren Bewusstseinsebenen. Der Falke kann dich mitnehmen und trägt dich hoch auf die nächste Ebene deines Selbstausdrucks.

Affirmation

Ich wünsche, mich mit meiner höchsten Wahrheit zu verbünden. Ich bitte das erleuchtende Bewusstsein der Turteltaube um Hilfe, meine eigenen Illusionen zu erschüttern und mich zu einer Bewusstheit des wahren Wesens der Wirklichkeit zu bringen. Ich erkenne, dass ich mit allen Dingen in diesem Universum eins bin. Es gibt keine Trennungen. Ich fließe nun in totaler Harmonie mit meinem eigenen, inneren Sein.

Turteltaube

Die Turteltauben-Energie schafft Ganzheit. Wenn immer irgendetwas aus dem Gleichgewicht ist, kann diese Energie neue Harmonie erschaffen. Die Energie der Ringeltaube ähnelt der der Turteltaube, doch ihre Funktion ist mehr die Reinigung von Giften, während die Turteltaube harmonisiert und die Energie ihrer Umgebung anpasst.

Tauben gehen immer dahin, wo sich Menschen versammeln, weil sie wissen, dass sie gebraucht werden. Das Taubensymbol wurde immer mit Friede und Hoffnung für eine bessere Zukunft in Verbindung gebracht. Die Energie der Turteltaube materialisiert das Gute um sich herum – das ist der Grund dafür, dass Friedensorganisationen die Taube als Friedenssymbol nutzen. Schaue hinter die Wahrheit der Behauptung „so sanft wie eine Taube". Turteltauben-Energie ist sanft und schön. Sie hat die Wirkung, Gegensätze zu vereinigen. Der Ton des Taubengurrens hat einen natürlichen, harmonisierenden Effekt auf den feinstofflichen Körper von Menschen und sie werden natürlicherweise auf eine Ebene hochgehoben, wo der Taubenklang vorherrscht, um sich zu entspannen.

Heute hast du diese Karte gezogen, weil etwas in deinem Leben aus der Bahn geworfen wurde. Im Herzen weißt du, was es ist. Taubenenergie ist sanft, doch missverstehe diese Sanftheit nicht als Mangel an Kraft. Wenn du das erleuchtende Bewusstsein der Taube anrufst, um dir zu helfen, dein Leben wieder zurück in die Harmonie zu führen, kannst du Wunder erwarten. Die Taube wirkt mit der Energie des kosmischen Christus, um Polaritäten zurück zur Einheit zu bringen.

Wenn du das Gefühl hast, die Turteltaube sei dein persönliches Vogelsymbol, dann hast du bereits das Bewusstsein deiner Umgebung auf irgendeine Weise angehoben. Du bist vielleicht eine Heilerin oder ein Heiler, oder einfach nur eine liebevolle Person, doch du hast einen starken Einfluss auf deine Umwelt, einfach weil du da bist. Die Energie deiner Präsenz harmonisiert automatisch die Atmosphäre der Umgebung, in der du dich gerade befindest – selbst wenn du dir dessen nicht bewusst bist. Manche der Leserinnen und Leser arbeiten vielleicht sehr bewusst mit ihrer Energie um eine Gleichgewicht in das Leben der Menschen zu bringen oder zwischen spannungsgeladenen Gegenpolen zu vermitteln. Du hast eine natürliche Fähigkeit Ganzheit hervorzubringen, ganz gleich, in welche Situation du gerätst. Das Leben ist dankbar für deine Dienste. Turteltauben-Menschen erzeugen das Bewusstsein des Kosmischen Christus und erlösen andere von der Wahrnehmung, getrennt von einander zu sein, und führen sie zur Realität der Verbundenheit und Einheit mit allen Dingen.

Affirmation

Ich bitte das erleuchtende Bewusstsein des Spatzen darum, mein Herz mit seiner Fähigkeit zu erfüllen, in die Welt zu gehen und mich mit anderen Menschen im Geiste der Freundschaft zu verbinden. Ich lasse meine Vergangenheit nun hinter mir und nehme freudig das Versprechen einer reichen und erfüllenden Beziehung mit meinen Freunden und Familien an.

Spatz

Du hast heute die Spatzenkarte gezogen, weil du einen Begleiter brauchst. Der Spatz ist der Vogel, der die Energie der Freundschaft ausdrückt.
Die Energie des Spatzen ist freundlich und trostreich. Spatzen sind nicht besonders schön oder betörend, doch ihre Gegenwart weckt eine süße Resonanz mit ihrer Unbeschwertheit in dir, die dich aus bedrückenden Gefühlen herausreißen kann. Wenn du Spatzen in deinem Garten hast, bringen sie immer eine Qualität der Fröhlichkeit und Prickelns in dein Leben. Spatzenmenschen, die den Spatzen als ihren Vogel zum besonderen Symbol und Begleiter haben, sind wunderbare Freunde. Das Geschenk, das sie anbieten, ist wahre Freundschaft, die ohne besonderes Bedürfnis gegeben wird, ohne etwas beweisen zu wollen oder eine Gegenleistung zu erwarten. Alles, was sie wollen ist, dass sie für jemanden wertvoll sind. Freundschaft ist das Elixier des Lebens für sie und eine wichtige Antriebskraft für ihr Wohlbefinden. Spatzen-Menschen können nicht glücklich an einem Ort sein, wo sie von Leuten umgeben sind, die sich kühl und distanziert verhalten. Sie brauchen Wärme und einen freundlichen Austausch, der es ihnen möglich macht, mit dem Leben verbunden zu sein. Wenn du diese Karte als Antwort auf eine Frage gezogen hast, dann weckt sie dich zur Bedeutung von Freundschaft in deinem Leben auf. Vielleicht siehst du auf eine Spatzenperson in deiner Umgebung hinab und sträubst dich gegen den persönlichen Kontakt, den diese Person dringend braucht? Vielleicht fühlst du dich niedergeschlagen und musst eine Anstrengung unternehmen, um mit jemanden zusammen zu kommen, der dich aus deiner Verzweiflung herausbringt. Wehre dich nicht gegen das Bedürfnis, mit Menschen zusammen zu sein. Orte, an denen viele Menschen zusammenkommen, können wunderbare therapeutische Wirkungen für jemanden haben, der in persönlicher Seelenqual steckt. Hast du deinen Party-Geist kürzlich verloren? Lass das erleuchtende Bewusstsein des geselligen Spatzen wieder den Reiz und die Lust an anderen Menschen in dein Leben bringen. Du kannst das Bewusstsein des Spatzen einladen, seine warme, geschäftige, überschäumende Energie in deine Energiekörper auszuschütten. Spatzen lieben es, um Hilfe gefragt zu werden, und du kannst sicher sein, dass sie schnell bereit stehen. Freundschaft ist wertvoll und muss genährt werden. Denke über deine Stelle in der Welt nach. Bist du gut genug mit anderen Menschen verbunden? Steckst du ausreichend Energie hinein, um Freundschaften und gute Bekanntschaften aufrecht zu erhalten? Diese Frage mag die Antwort sein, warum du in diesem Augenblick Freundlichkeit oder Einsamkeit fühlst. Du musst dein Leben mit Wärme, Liebe und Verbindungen mit anderen Menschen füllen, dann wirst du die Fröhlichkeit des Spatzen erfahren.

7 PAPAGEI 7

Affirmation

Ich bitte das alles überstrahlende Bewusstsein des Papageis mir zu helfen, mich aus meiner eigenen Betrachtungsweise meiner Lebensumstände herauszuziehen und eine höhere Perspektive einzunehmen. Helfe mir zu verstehen, was wirklich vorgeht. Ich habe tatsächlich die Kontrolle über mein Leben. Ich entscheide mich dafür, das zu fühlen, was ich gerade in diesem Augenblick fühle und ich kann mich auch entscheiden, absichtlich dieses Gefühl in einen höheren Ausdruck meines Selbst zu verwandeln.

Papagei

Die Energie des Papageis ist viel erhabener, als sein kreischendes Verhalten nahe legen könnte. Papageien sind die Meister des Vogelreiches. Sie haben eine sehr hohe Ebene des Bewussteins, das den Humor wahrnimmt, der im Leben enthalten ist und auch die Ironie hinter der Fassade des Lebens. Wenn du einen Papagei zu Hause hast, kann er dich sehr leicht mit dir selbst konfrontieren und das auf unbequeme Weise!

Wenn du dich in Resonanz mit dem Papagei fühlst, dann bist du kein Mensch, der mit der Mehrheitsmeinung geht. Du hast deine eigenen Lebensvorstellungen und tendierst dazu, ein ironischer Beobachter der Popkultur zu sein. Es kümmert dich nicht, als Außenseiter angesehen zu werden, weil es zu dir passt, das Leben eher von außen zu betrachten als daran teilzuhaben. Dies gibt dir die Fähigkeit, Dinge zu sehen, wie sie wirklich sind, und immer ein stilles Lächeln in dir zu wahren und dich nicht allzu ernst zu nehmen.

Du hast heute diese Karte gezogen, weil das Leben von dir verlangt, tiefer in deine augenblickliche Situation einzutauchen. Schaue auf die wahre Bedeutung hinter den Geschehnissen und nehme einmal nicht an, dass das Offensichtliche bereits das ist, was du erkennen sollst. Häufig muss die Wahrheit einer Sache von einem höheren Standpunkt aus gesehen werden. Wenn du deine Perspektive änderst, bekommst du eine andere Lösung oder Haltung aufgezeigt und in vielen Fällen kannst du den Witz in der Sache erkennen. Wir nehmen uns oft viel zu ernst. Lass das erleuchtende Bewusstsein des Papageis dich an eine Stelle erheben, von wo du die Dinge klarer sehen kannst und so, wie sie wirklich sind.

Papageien sind die ersten Vögel, die einem in den Kopf kommen, wenn man an den geeignetsten Vogel als Haustier und Tiergefährten denkt. Der Grund dafür ist, dass sie zuhören und antworten. Wellensittiche tragen einiges von derselben Energie wie Papageien, doch ihre Energie ist weniger machtvoll. Zwergpapageien drücken etwas Einzigartiges aus und haben daher eine eigene Karte. Das Gedächtnis der Papageien ist völlig einzigartig im Vogelreich und das erlaubt ihnen, so aufmerksam zu sein.

Du lernst aus deinen Fehlern und auf dieselbe Weise kann der Papagei lernen, auf seine vergangenen Erfahrungen zu bauen, weil er ein gutes Erinnerungsvermögen hat. Auf ähnliche Weise sind Papageien-Menschen dazu fähig, ihren Sinn für die Vergangenheitsmuster zu nutzen und keine alten Lehren mehr zu wiederholen. Dies befähigt sie, ein fruchtbares Leben zu führen statt nur Opfer ihrer Umstände zu bleiben.

Affirmation

Ich erkenne, dass mein Leben in diesem Moment nicht in Harmonie ist. Ich lade das erleuchtende Bewusstsein der Drossel ein, mich mit ihr zu verbinden und mir zu helfen, einen Weg zu finden, die Harmonie wieder zurück in mein Leben zu bringen. Zeige mir, wie ich mich so erleichtern kann, dass ich in Resonanz mit dieser Harmonie gelange, durch die ich mich als glücklichen Menschen erfahren kann. Ich vertraue darauf, dass es eine Lösung gibt und diese möchte ich finden.

Die Drossel

Die Drosselenergie ist eine glückliche Energie. Drosseln bringen eine Qualität des leichten, überschäumenden Temperaments in ihre Umwelt. Erwarte keine gemütliche Energie um die Drossel – sie ist eine sehr geschäftige Kreatur, immer herum hüpfend und pickend, um interessante Würmer und andere schmackhafte Kleinigkeiten zu suchen. Alle Drosseln sind ausgezeichnete Eltern, die außerordentlich gut für ihren Nachwuchs sorgen. Drosseln sind so intelligent, dass sie zur Not sogar Werkzeuge herstellen können, um Nahrung irgendwo herauszuangeln.
Der Drosselgesang ist sehr schön. Er ist so melodiös, dass er die Stimmung des ganzen Gebiets verbessert, in dem er zu hören ist. Schwere Herzen erleichtern sich und lauschen in einem Moment der Ruhe dem Wunder dieser Schönheit. Heilung durch Klang ist die Mission des erleuchtenden Bewusstseins der Drossel und ihre herausquellenden Lieder sind ein Geschenk für die Erde und seine Bewohner.
Menschen, die sich mit der Drossel als ihr persönliches Symbol identifizieren sind demgemäß auf eine oder andere Weise mit der Heilkraft schöner Klänge beschäftigt. Auch wenn die Lerche und die Nachtigall auch wunderschön zwitschern und singen, die Drossel ist der Vogel, die ihre Stimme besonders für die Heilung benutzt. Die Töne und Melodien, die sie gebraucht, wurden von dem alles überstrahlenden Bewusstsein dafür ausgewählt, die geeigneten Klänge für diese Situation zu sein. Die Drossel schenkt ihre Stimme als Balsam für die unstimmigen und gebrochenen Energien in ihrer Umwelt. Es ist sehr wohltuend, Drossel-Menschen um sich zu haben, da ihre fröhliche und leichte Gegenwart immer wieder eine Veränderung der vorhandenen Energien mit sich bringt und dabei hilft, die Misstöne in einer Gruppensituation zu harmonisieren.
Du hast heute diese Karte gezogen, da du gerade in einer Lage bist, in der du neue Klänge benötigst. Du musst die Missklänge in deinem Leben feststellen. Die Karte kam heraus, weil jetzt die Zeit dafür ist, ein Gegenmittel dafür zu finden. Das kann buchstäblich bedeuten, die richtige Musik zu finden, die dich aus der gegenwärtigen Schwere heraushebt, oder es kann auch metaphorisch gemeint sein. Bitte das erleuchtende Bewusstsein der Drossel, dir zu helfen, die Unstimmigkeiten herauszufinden und das richtige Gegenmittel dafür zu finden. Das ist seine Aufgabe im Leben und es wird die Situation genau unter die Lupe nehmen und dir helfen, eine Lösung zu erkennen. Diese Energie anzuzapfen wird dir auch helfen, dich leichter und fröhlicher zu fühlen – das ist allein schon ein Teil der Lösung. Glückliche Menschen ziehen Glück und Lachen auf sich, welche natürlicherweise dazu beitragen, sich in jeder Situation besser zu fühlen.

Affirmation

Heute stelle ich wieder meine persönlichen Grenzen her. Ich bitte das erleuchtende Bewusstsein der Amsel mir dabei zu helfen. Ich mache deutlich, dass nur diejenigen, die gute Absichten in ihrem Herzen verfolgen, meinen privaten Raum betreten dürfen. Ich bin vollständig sicher.

Amsel

Amseln sind auf der energetischen Ebene machtvolle Verbündete des Menschen, auch wenn es manchmal scheint, dass sie mit uns schimpfen. Energetisch gesehen üben sie dieselbe Funktion aus wie die „Unkräuter“ im Pflanzenreich – sie erschaffen eine schützende Bedeckung, so dass die schwächeren Spezies mehr Zeit haben, stark genug zu werden, um ihren Platz zu erobern. Sie sind herrisch und furchtlos und in der Lage, Raubtiere mit bemerkenswertem Mut wegzujagen. Davon haben alle Vögel eines Gebiets, das sie beschützen, einen Nutzen. Wir brauchen die sanfte Energie einer Turteltaube, den reinigenden Einfluss der Ringeltaube, die liebevolle Energie des Rotkehlchens, die Freundschaft eines Spatzen und die wundervollen Harmonien der Drossel für unser eigenes Wohlgefühl und der Verbundenheit mit der Natur. Und dabei ist die Amsel oder Schwarzdrossel unser Verbündeter.

Wenn du heute diese Karte wegen deiner Frage gezogen hast, dann ist dies ein Tag, an dem du Mut und Furchtlosigkeit benötigst und bereit bist, dein Revier zu verteidigen. Erlaube den Eindringlingen nicht, deine Grenzen zu übertreten. Mache ihnen unmissverständlich klar, dass sie eine bestimmte Linie nicht wieder übertreten dürfen. Du hast heute die Gelegenheit dazu, die Energiemuster aufzubauen, die dir erlauben, dich sicher zu fühlen. Nutze die Amsel-Energie deine Grenzen deutlich abzustecken, so dass du nicht wieder genötigt wirst.

Eine Person, welche die Amsel als ihren oder seinen besonderen Vogel betrachtet, ist ein Mensch, den man gerne um sich hat. An der Oberfläche mag dieser Mensch harsch wirken und Schwierigkeiten haben, nicht streitlustig oder aggressiv zu kommunizieren, doch wenn alle Stricke reißen, wird ein Mensch dieser Art genau derjenige sein, den du als Verbündeter an deiner Seite haben willst. Tatsächlich liegt unter dieser rauen Oberfläche eine liebevolle, warme, humanistische Seele, die auf viele Arten gibt, doch häufig missverstanden oder unterschätzt wird.

Wenn es eine solche Person in deiner Umgebung gibt, lasse dich nicht von dem abschrecken, was du oberflächlich siehst. Es wird ein großer Gewinn für dich sein, wenn es dir gelingt ihre oder seine harte Schale aufzubrechen. Wenn du lange genug warten kannst, die wirklich vorhandene tiefe Besorgtheit und das Mitgefühl für andere an diesem Menschen zu bemerken, wirst du einen Freund finden, der für dich da ist, wenn viele andere angebliche Freunde längst verschwunden sind.

Affirmation

Ich nehme die Botschaft an, die ich heute erhalten habe, und danke dem erleuchtenden Bewusstsein der Krähe dafür, dass sie mir diese aufgezeigt hat.

Oder:

Ich bitte das erleuchtende Bewusstsein der Krähe jetzt hier zu sein. Ich habe ein dringendes Bedürfnis nach Hilfe und Schutz. Ich weiß, dass du mich schützen wirst. Ich fühle mich sicher.

Krähe

Krähen sind die Träger von Botschaften aus anderen Welten. Wenn eine Krähe dir ihre Präsenz zeigt, dann solltest du innehalten und sie willkommen heißen. Frage sie, was du hören und sehen solltest, wenn du ihre Botschaft spüren kannst, die sie dir bringt. Krähen haben die Reputation, Boten des Unheils zu sein, aber sie verdienen diese Zuordnung nicht, sie tragen einfach nur die Führungsbotschaften von Freunden aus anderen Dimensionen.

Krähen stehen in Zusammenhang mit Schutz. Wenn du das erleuchtende Bewusstsein der Krähe anrufst, wenn du dich bedroht fühlst, wird sie dir den Schutz bieten, den du brauchst. Trotz ihrer rauen Stimme ist ihre wirkliche Natur zu helfen. In der Präsenz der Krähe gibt es Wärme und Humor, die der ironischen Wahrnehmung der seltsamen Possen der Menschen ähnlich des Papageis ist. Beide sind auf einer hohen Bewusstseinsebene des Vogelreichs.

Wenn die Krähe dein bevorzugtes Vogelsymbol ist, dann bist du eine starke Persönlichkeit mit esoterischen Interessen. Du fühlst dich vielleicht bereits als ein Medium, das Botschaften von astralen Welten übermittelt an Menschen, die eine Führung oder Trost benötigen. Auch wenn du dies nicht aktiv tust, hast du wahrscheinlich das unentwickelte Potenzial dafür. Deine Unterstützung wird sehr häufig von jenen auf anderen Dimensionen der Existenz geschätzt, die damit zu kämpfen haben, ihre Gedanken den Menschen zu übermitteln, die tief in die dichteren Schichten der physischen Existenz verwickelt sind.

Die Botschaft ist für dich heute, wenn du die Karte wegen einer Frage gezogen hast, dass du mit jemandem in einer anderen Dimension als der physischen verbunden bist, und dass diese Energie mit dir in Kontakt kommen möchte. Das mag das Angebot einer Unterstützung und des Schutzes sein oder es könnte eine besondere Botschaft sein. Es muss nicht in Worten kommen – es kann genauso gut ein tröstendes Bild sein oder einfach das angenehme Gefühl eines Hilfsangebots. Versuche nicht zu angestrengt, die ganze Botschaft zu hören, entspanne dich und vertraue, dass was immer du brauchst, du auch erhalten wirst.

Krähen und Elstern sind sich sehr ähnlich und haben dieselbe Energie. Wenn du also dich einer Elster näher fühlst, gilt dieses Bild der Krähe auch dafür.

Affirmation
Ich lade das erleuchtende Bewusstsein des Pfaus und der Pfauhenne dazu ein, mir die Vision zu übermitteln, die ich brauche, um weiter zu kommen. Ich bitte Gott darum, mein Leben zu segnen. Ich werde mich daran erinnern, dass ich nie alleine bin.

Pfau

Der Pfau und seine Gefährtin die Pfauhenne tragen die machtvolle Schwingung von Gottes allsehender Weisheit. Der wunderschöne Federschmuck und Schwanz des Pfaus sind glorreiche Erinnerer an die Vorzüglichkeit der Manifestation Gottes in der Natur. Unsere Welt ist ein wunderbarer Spielplatz für die Natur, die sich in unzähligen Formen und Farben ausdrückt – jede davon ist einzigartig und zugleich ein Teil des Ganzen.

Pfauen-Menschen sind Seher und Visionäre in unserer Welt. Sie sind oft diejenigen, an die wir uns wenden, wenn wir spirituellen Rat und Führung benötigen. Ihre Weisheit und Wahrnehmungskraft sind die Leuchttürme für unseren Weg auf der langen Reise zurück zu unserem Wiedererwachen in unserem Gott-Selbst. Wenn du einen Pfauen-Menschen in deinem Umfeld hast, dann hast du mit ihr oder ihm eine Kostbarkeit. Sie sind sehr seltene Vögel.

Wenn du heute die Pfauenkarte gezogen hast, dann bist du gesegnet. Es ist ein Tag, an dem du die Macht des Segen Gottes unmittelbar spürst, entweder als eine tatsächliche körperliche Erfahrung oder durch unerwartete kleine Wunder, die dir Freude bereiten. Behalte heute den Gedanken in deinem Herzen, dass du sehr geliebt wirst von der alles sehenden Gegenwart, die ganz genau weiß, wer du bist und wohin du gehörst. Niemand ist tatsächlich allein, denn dieses alles sehende Auge ist jeden Augenblick mit dir.

Pfauen und Pfauhennen repräsentieren den Aspekt Gottes, der Verstehen in die Welt bringt. Damit ist nicht die Buchgelehrsamkeit gemeint, sondern die tiefe Herzensweisheit, die durch die Auseinandersetzung mit den Paradoxien des Lebens erlangt wird.

Freude erreicht dich jenseits der gegensätzlichen Paradoxien an einer ruhigen Stelle in dir, da wo alles eins ist. Das einzige Auge auf dem Federschmuck des Pfaus ist das innere „Ich", in dem alles im Universum wohnt. Das erleuchtende Bewusstsein des Pfaus und seiner Frau kann gerufen werden, um dir zu helfen, den nächsten Schritt auf deiner Reise zum Selbst zu bewältigen.

Affirmation

Ich bitte das erleuchtende Bewusstsein des Schwans mir bei meiner Beziehung zu helfen. Lehre mich wie ich ein richtiges Gleichgewicht in mir erreichen kann, so dass meine äußere Partnerschaft dieses reflektiert. Ich weiß, ich bin genau da, wo ich in diesem Moment sein sollte, und ich ehre das Geschenk, das mir diese Partnerschaft gibt.

Schwan

Schwäne sind feinfühlige Kreaturen. Ihre Anmut und Schönheit sind legendär und ihre heitere Präsenz sind ein wunderbares Geschenk für jeden See oder Fluss. Das wahre Geschenk des Schwans ist seine Fähigkeit, seinen Lebenspartner zu erkennen. Hat er sich einmal festgelegt, werden weder der männliche noch weibliche Schwan sich mit einem anderen Schwan paaren, noch nicht einmal dann, wenn ihr oder sein Partner stirbt. Es sieht so aus, als ob sein Lebenspartner sich in seine Seele geschrieben hätte.

Deine heutige Karte spricht über Partnerschaft mit dir. Es ist ein großartiger Segen, den wahren Partner in seinem Leben zu finden, doch nicht jedem gelingt das. Manchmal ist es einfach die Lehre, die eigene innere maskuline oder feminine Seite in sich besser zu entwickeln, so dass du die Erfahrung der heiligen Hochzeit in deinem eigenen Wesen machen kannst und nicht unbedingt einen äußeren Partner suchen musst, um dich zu vervollkommnen. Jeder Mensch sollte diese Ganzheit in sich selbst erreichen, egal ob er oder sie nun zugleich eine äußere Partnerschaft hat. Es ist eine wesentliche Vorbedingung für die finalen Stufen der Selbstverwirklichung. Sehr häufig wird die innere Hochzeit der männlichen und weiblichen Elemente in deiner eigenen Psyche die Bühne für die äußere Begegnung mit deinem richtigen Partner vorbereiten. Dann bist du bereit für eine wirkliche Verpflichtung auf der Seelenebene. Schaue auf die Wirklichkeit deiner Beziehung mit deinem augenblicklichen Partner. Jede Beziehung trägt ihr eigenes Geschenk in sich, aber nur die wirkliche Partnerschaft fühlt sich vollständig perfekt an. Bevor du diese Karte ablehnst, verbalisiere zumindest einen bedeutenden Grund, warum du mit deinem Partner zusammen bist. Niemand kann mit Sicherheit wissen, was das zukünftige Leben bereithält. Ehre deinen Partner und nutze jede Zeit zusammen. Lasse keine liebenden Worte ungesagt oder schiebt eure gemeinsamen Träume nicht vor euch her. Vielleicht ist die Romantik, die Verliebtheit, ein wenig zwischen euch eingeschlafen, doch der wahre Klebstoff einer liebevollen Partnerschaft ist die Freundschaft. Das mag nicht die wirkliche Seelenverschmelzung sein, vielleicht ist es auch das, doch egal wie, wenn ihr wahre Freunde für einander sein könnt, habt ihr eine erfolgreiche Partnerschaft gefunden.

"SchwanenMenschen" fühlen sich tief der Partnerschaft verpflichtet, in der sie sich befinden. Die Wertschätzung dieser Beziehung ist eine der höchsten Freuden in ihrem Leben. Dies ist gewöhnlich die Vereinigung von zwei Menschen, die einen langen Weg miteinander gegangen sind, um ihre maskulinen und femininen Seiten auszugleichen, so dass die äußere Ehe voller Ruhe, Heiterkeit und Gnade ist.

Affirmation

Ich bitte um die Gegenwart des erleuchtenden Bewusstseins des Adlers in meinem Leben. Mit dieser Präsenz, die mich in ihre Strahlen einhüllt, kann ich meine eigentliche Kraft gewinnen. Es ist getan.

Adler

Adler fliegen in eine Höhe, welche die meisten Vögel nicht erreichen können. Sie sehen ein weites Panorama weit unter sich und sind fähig, mit ihrer erstaunlichen Sicht kleine Kreaturen wahrzunehmen. Sie sind die Könige und Königinnen der Lüfte und des Vogelreichs. Sie tragen auch die Schwingungsaspekte der Energie Gottes in sich, so wie Pfauen die Weisheit und die Rotkehlchen die Liebe verkörpern.

Mit Königen und Königinnen ist große Macht symbolisiert. Das gilt auch für diejenigen, die mit dem Adler als ihrem Symbol resonieren. Das sind die natürlichen Anführer. Wenn sie schon reife Seelen sind, werden sie andere mit Weisheit und Mitgefühl leiten, doch es gibt auch Adlertypen, welche die raubtierhaften Aspekte des Adlerwesens zeigen und ihre Macht missbrauchen. Wenn du ein „Adler-Mensch" bist, solltest du wahrhaben, dass diese Macht dir von Gott allein geschenkt worden ist. Wenn du Gott erlaubst, durch dich zu wirken, hat deine Macht die Macht Gottes hinter sich. Wenn du dich nicht mit Gottes Präsenz in deinem Leben verbündest, dann kannst du in spirituellem Sinne schnell abstürzen. Denn diese Macht ist ein enormer Verstärker der guten und schlechten Elemente in deiner Persönlichkeit.

Du hast heute die Adlerkarte auf eine Frage gezogen, um eine Antwort zu erhalten, die für dich wichtig ist. Heute ist der Tag, an dem du deine Kraft zurückbekommst. Mit der Hilfe des erleuchtenden Bewusstseins des Adlers kannst du wieder die Kontrolle über dein Leben übernehmen. Adler fliegen hoch und scannen das ganze Gebiet unterhalb ab. Sie haben eine viel bessere Wahrnehmung des ganzen Bildes als wir auf dem Boden. Nehme dein Gebiet der Machtlosigkeit wahr und hole dir die verlorene Kraft wieder.

Die Geschichte ist voll vom Aufstieg und Fall großer Weltreiche. Diese sind die Eroberungen von Adlertypen. Manche von ihnen wussten, dass es ihr Pfad zur Weisheit war, die Versuchungen und Fallen der großen Macht mit Demut zu überwinden. Andere sind gescheitert daran. Dasselbe, was für das Spiel mit vorübergehender weltlicher Macht gilt, trifft auch auf spirituelle Macht zu. Die Magier der spirituellen Welt sind großen Versuchungen unterworfen, ihre Macht so zu verlieren oder zu missbrauchen. Sexuelle Energie ist eine häufige Falle gleichermaßen für zeitliche und spirituelle Machthändler. Derjenige, der in der Lage ist, diese potenziellen Fallen zu vermeiden, kann die Schwindel erregenden Höhen der spirituellen Ziele erreichen.

Affirmation

Heute ist ein großer Tag für eine tiefe seelische Veränderung. Ich wende mich an das erleuchtende Bewusstsein der Eule und suche ihre Hilfe bei der Befreiung aus meinen alten Mustern. Helfe mir, mich mit den spirituellen Kräften zu verbinden, die mich am besten zu der Stelle in mir führen werden, wo ich in Berührung mit meiner Freude komme.

14

Eule

Nachtvögel wie die Eule repräsentieren das kollektive Unbewusste der Menschen. Wir sind uns des Lebens dieser scheuen Vögel nicht bewusst, weil wir in einem Schlafzustand sind, doch während wir träumen dann fliegen, rufen, jagen und beobachten sie. Eine Eule zu sehen, ist immer bedeutungsschwer. Es ist ein Anzeiger dafür, dass große Ereignisse im Schwange sind. Traditionell bringen Eulen Vorwarnungen vor einem Tod, doch das bedeutet eigentlich den Tod eines bestimmten Lebensstils, irgendeine Art eines wichtigen Übergangs ist in Gange. Betrachte dies nicht als etwas Bedrohliches; Übergänge können wunderbare neue Gelegenheiten zur Veränderung bieten. Wenn du die Eulenkarte gezogen hast oder nur für deine tägliche Erinnerungslektüre, dann bekommst du die Botschaft, dass es unterschwellige Bewegungen in deinem Leben gibt, die eine bestimmte Art der Veränderung mit sich bringen. Sei aufmerksam dafür und wisse, dass alles Kommende sich in seiner eigenen Zeit bemerkbar macht. Vielleicht drängst du nach wesentlichen Veränderungen und bist frustriert, dass nichts zu geschehen scheint. Die Eulenkarte erzählt dir: entspanne dich und erlaube den größeren Kräften als dein eigener Wille die Berge für dich zu bewegen. Hastige Aktionen in dieser Zeit könnten dem langsamen Zusammenkommen von stützenden Strukturen, die zuerst gebaut werden müssen, entgegenwirken. Du brauchst nicht anzunehmen, nur weil nichts geschieht, tatsächlich nichts geschieht! Glückliche Ereignisse werden durch das Erscheinen der Eule genauso oft avisiert wie Übergänge. Erinnere dich daran, dass die Eule die Kräfte des kollektiven Unterbewusstseins repräsentiert. Das bedeutet, dass es eine Verbindung zwischen Menschen auf einer unbewussten Ebene gibt. Wir teilen alle die gleichen Albträume, Ängste und Befürchtungen in uns, doch wir teilen auch die machtvollen archetypischen Bilder, die uns durch ihre gemeinsame Sprache miteinander verbindet. Diese Sprache wird als gemeinsame Sprache der Menschheit von allen gefühlt. Seelenarbeit bedeutet auch, tief in das Unbewusste hinabzusteigen, um die fest eingravierten negativen Muster, die häufig vererbt sind oder durch eigene schmerzvolle Erfahrungen dort vergraben wurden, auszureißen. Wenn die negativen Muster einmal gelöscht wurden, kann die Seele bessere, positivere Muster gestalten, die dann dort abgelegt werden können. Eine bewusste Anstrengung ist notwendig, um die dunklen Einflüsse zu beseitigen und Platz für die helleren zu schaffen. Je mehr das Dunkel der Psyche mit Helligkeit überlagert wird, ist es für die spirituellen Kräfte möglich, machtvoll innerhalb des individuellen Geistes zu arbeiten. Dies verbindet sie oder ihn mit den leitenden Kräften im Universum, die dich mit weniger Schmerz durch das Leben führen können.

Affirmation

Ich lade das erleuchtende Bewusstsein des Storches dazu ein, mit mir zusammenzuarbeiten, um mein Projekt zur Vollendung zu bringen. Ich sehe es bereits als erreicht an und ich weiß, ich kann es schaffen.

Storch

In der Überlieferung bringt der Storch die Babys. Verborgen hinter dieser verführerischen Mythe ist die Wahrheit dessen, woran das Storchenbewusstsein auf der Energieebene arbeitet. Die Storchenenergie vermittelt die konzentrierte Kraft, die dabei hilft, ein kreatives Ereignis in die physische Manifestation zu gebären. Es bedarf Energie und Willenskraft, um eine Idee aus der Ebene der Gedanken im Leben zu verwirklichen. Storchenenergie kann dir helfen, dein Baby in die Welt zu bringen, genau dahin, wo es seinen Platz finden wird.

Was versuchst du zur Zeit ins Leben zu rufen? Diese Karte schlägt vor, dass es irgendein „Gehirnkind" gibt, das du in der physischen Welt verwirklichen möchtest. Dafür hast du mit dem Storch einen großen Verbündeten. Lade das erleuchtende Bewusstsein des Storches in deine besonderen Lebensumstände ein und erlaube ihm genug Zeit, alle Hindernisse zu überwinden, die deinem Vorhaben entgegenstehen. Auf diese Weise kannst du den Reifeprozess beschleunigen!

Wenn du bereits schon eng mit dem Storchensymbol verbunden bist, dann bist du ein Mensch, der in der Lage ist, seine Ideen zum Blühen zu bringen. Du hast das Talent dafür, eine Idee von Beginn ihres Auftretens bis zur Verwirklichung in der Welt auszutragen. Diese Fähigkeit basiert auf Willenskraft, Klarheit, Fokus und Zielgerichtetheit. Sei dir dieser Fähigkeit des Austragens bewusst – nicht jeder hat das Vermögen dazu.

Storchenenergie kann auf der tiefsten Ebene der Psyche genutzt werden. Sie hilft, alle Hindernisse zu überwinden, welche die Persönlichkeit davon abhalten, mit dem wirklichen Selbst zu verschmelzen. Seine konzentrierte, zielgerichtete Energie kann dabei extrem mächtig sein. Wenn du dich vom Storch angezogen fühlst oder wenn er dir auf magische Weise erscheint, dann lade ihn in dein Leben ein, damit er mit dir zusammenarbeitet, um dein eigenes, perfektes Selbst zu gebären.

Affirmation

Ich weiß jetzt, dass es keinen Sinn macht, mein Leiden länger festzuhalten. Ich bitte Gott darum, diese Situation zu beurteilen, und ich lasse von meinen eigenen Wünschen los, selbst Gerechtigkeit herzustellen. Ich lasse meinen Schmerz fahren, so dass ich wieder meine ureigene Lebensfreude erfahren kann. Ich bitte das erleuchtende Bewusstsein der Lerche mich zum Himmel hinaufzutragen und ich lade jegliche Glückseligkeit und Freude ein, die das Leben bietet, um mich vom Leiden zu befreien.

Lerche

Lerchen sind die Fanfarenstöße aus der Welt der Natur in unsere Welt. Sie bringen die Botschaft der Erlösung durch die Hingabe an die Freude. Die Lerche steigt auf ihrem außergewöhnlichen Lied der Freude in den Himmel hoch und wird eins mit seinem Schöpfer in ihrer Ekstase. Auf dem Pfad zum Himmel gibt es keinen Schmerz, nur die Freude der Teilhabe in einer fröhlichen Feier des Lebens.

Lerchen erinnern uns an die Macht des Jubilierens. Der Segen kommt von der vollständigen Hingabe an die Wellen der Freude. An Leiden festzuhalten schafft eine Barriere gegen die Heilkräfte der Freude und Glückseligkeit. Durch störrisches Verweigern das Leiden loszulassen, verstricken wir uns nur in Melancholie und Herzschmerzen. Wir lieben es offenbar, noch an jedem kleinen Zipfel von Schmerz und Ärger festzuhalten und verlängern auf diese Weise, gerade das, was wir eigentlich überwinden möchten. Die Lerche erinnert daran, einfach loszulassen. Lass fahren alles Elend und alle Bitterkeit! Befreie dich von der aufgestauten Wut und Verzweiflung. Lasse dich vom Lied des Lebens tragen, das dich unbedingt in die Himmel hoch tragen möchte, wenn du nur zulassen würdest, dass es dich trägt und deine Wunden zu heilt.

Wenn du die Lerchenkarte heute gezogen hast, dann lausche bitte ihrem beglückenden Lied. Erlaube der überirdischen Musik dieses kleinen Vogels dich zu einer Erfahrung der glückseligen Vereinigung mit dem Göttlichen mitzunehmen. Du hältst an etwas fest und es ist nun Zeit, es loszulassen. Überlasse die Übeltäter Gott und füge dir keine neuen Schmerzen zu, indem du weiter an deinem Kummer festhältst.

Wenn die Lerche als dein eigenes Symbol in dir mitschwingt, dann kennst du die die Macht der Verzückung. Du weißt, wie du die Freude durch alle deine Körperzellen fließen lassen kannst, so dass sie alle Gifte ausschwemmt. Du singst womöglich wie eine Diva und kannst die Opernhäuser durch deinen außerordentlichen Gesang zum Beben bringen. Die Lerchenmenschen nutzen die Klänge, um das Ziel der ultimativen Vereinigung mit dem Göttlichen zu erreichen. Dabei schenken sie vielen ihrer Mitmenschen große Freude. Sie gebrauchen ihre Lieder nicht als Mittel gegen die Negativität wie die Drossel, sondern als eigenständiger Weg zu Freude. Ihre reine Lobpreisung des Klangs kann jedoch anderen zeigen, wie sie zur reinen Lebensfreude gelangen können.

Affirmation

Ich lasse die Formen dessen fallen, die mich verletzen, und lasse stattdessen die Liebe Gottes zu. Ich bitte das erleuchtende Bewusstsein der Nachtigall mir die Wahrheit zu offenbaren. Ich nehme Gott als meine wahre Liebe an.

Nachtigall

Hast du je eine Nachtigall singen gehört? Es ist eine tief berührende Melodie, die dir das Herz stehen lässt. Das Lied der Nachtigall trägt uns in die Realität hinter der Illusion des Lebens. Es lässt unser Herz für einen Augenblick „anhalten“. Denn wenn das Herz schlägt, erliegen wir der Täuschung, wir wären wirklich - und so vergessen wir immer wieder die Melodie, die uns die ganze Wirklichkeit erschließt. Wir haben vergessen, dass Leben ein Lied Gottes ist, das er in jedem Augenblick singt. Gott drückt seine reine Freude mit der Erschaffung des Universums mit allen seinen Wundern aus. Und jedes Teilchen des Universums wird von ihm geliebt. Die Nachtigall erinnert uns, dass unser Universum die ganze Zeit singt, während wir leiden und weinen. Wenn wir uns einstimmen könnten in dieses Lied, würde unser Leiden einfach verdampfen – denn Leiden ist die Illusion, die uns von Gott trennt. Wir denken, wir wären aus dem Garten Eden in Schande und Ungnade hinausgeworfen worden und müssen uns nun bedecken und unser Gesicht vor Gott verhüllen. Doch Gott ist überall, in jedem Atom, in jedem Augenblick. Es ist eine falsche Vorstellung, dass wir von der göttlichen Liebe ausgestoßen seien. Wenn wir unsere Schande loslassen können und die göttliche Liebe wieder in unser Leben einlassen, beginnen wir das Lied der Nachtigall im Herzen zu hören.

Menschen, für die die Nachtigall ihr besonderer Vogel ist, überragen die meisten Leute in ihrer Macht, die göttliche Liebe zu aktivieren. Das Rotkehlchen lässt die Göttliche Liebe durch sich selbst in die Welt strömen, einfach indem es sich öffnet und ein leeres Gefäß für Liebe wird. Die Nachtigall befreit aktiv die Liebe in den Zellen aller Kreaturen, die ihr Lied hören. Dieses Lied resoniert so stark mit dem ewigen Lied Gottes, dass alle, die es hören, beinahe unmerkliche Veränderungen erfahren. Nachtigall-Menschen haben diese seltene Fähigkeit, alle Menschen in ihrer Umgebung durch die Macht ihrer Liebe zu verwandeln.

Wenn du die Nachtigallkarte heute gezogen hast, dann bist du möglicherweise an einem lebensverändernden inneren Drama beteiligt. Die Nachtigallen-Energie ist machtvoll umwandelnd und kann dich mit schnellem Beistand zur Entscheidung führen. Erlaube ihr, in dein Dilemma hineinzuschauen, und erlebe mit eigenen Augen, wie die Macht der göttlichen Liebe die Illusionen erschüttert und die wahre Realität enthüllt.

Du hast heute die Wahl: halte dich an deine Verbindung mit Gott fest, die mit der Nachtigall ihre besondere Form angenommen hat, oder lasse diese Form los und entdecke, dass anstatt des Verlustes von irgend etwas du den einzig wahren Liebhaber gefunden hast – Gott, der in allen Dingen ist.

Affirmation

Es ist an der Zeit, mich selbst zu kennen. Ich lade das erleuchtende Bewusstsein des Ibis dazu ein, mit meinem eigenen Bewusstsein zu verschmelzen und mir Gott zu zeigen. Ich lasse alle Widerstände gegen mein wahres Selbst, das mir offenbart wird, los. Ich bin bereit.

Ibis

Der Ibis offenbart den Kern einer Sache. Der heilige Ibis, der Hagedash-Ibis und die anderen Mitglieder der Ibis-Familie tragen eine Schwingung, die in die Welt hinausschreit, dass es da einen Witz gibt, den wir nicht verstehen. Der heisere Schrei des Ibis verhöhnt unsere Einbildung, wir selbst würden Entscheidungen treffen. Du bist nicht derjenige, der du zu sein glaubst. Du bist viel außergewöhnlicher als du ahnst. Der Ibis lacht über die Lächerlichkeit unserer Lebensweise. In seinen Augen leben wir so, als ob wir Maulwürfe seien – blind und in der Dunkelheit Gänge grabend, wenn überall um uns herum Licht ist.

Es ist sehr bedeutsam, wenn du diese Karte gezogen hast, denn es ist dein Selbst, das dich nach Hause ruft. Es ist ein Signal für die Entdeckung deines wahren Selbst und nicht des Selbst, das du dir vorstellst. Ibis offenbart die Pointe – der Witz liegt in uns.

Deine weltliche Persönlichkeit kann die Welle der Offenbarung deines Selbst nicht bremsen. Die Persönlichkeit denkt, sie wird sich verlieren, doch sie kann die Welle kaum aufhalten. Die mächtige Kraft des Selbst kennt keine Hindernisse. Zum geeigneten Moment wird es durch den Widerstand des Egos hindurch brechen und dein glanzvolles Selbst wird sich offenbaren. Und dann wirst du mit dem Ibis lachen.

Wenn der Ibis dein besonderes Vogelsymbol widerspiegelt, dann bist du ein Gigant in der Welt der spirituellen Führer. Dann begleitet dich Gott. Du weißt, wer du bist und verstehst den Witz, den der Ibis verlautbart.

Ibis-Menschen können über die offensichtlichen Manifestationen der Wirklichkeit hinausblicken. Sie kennen die Wahrheit, die im Herz der Welt liegt. Niemand kann sie glauben machen, dass sie weniger sind, als sie sind. Sie leben die Wahrheit. Auch wir werden sie eines Tages leben.

Wenn der Ibis nach deiner Aufmerksamkeit zetert, solltest du wissen, dass dein wahres Selbst wartet. Erlaube dem Ibis dich daran zu erinnern, dass deine eigene Wirklichkeit alles überstrahlt. Sie ist so weit, dass sie sich nicht von Gott unterscheidet, denn Gott ist alles, was existiert. Wenn du das weißt, dann kennst du dein Selbst und bist dich selbst.

Affirmation
Ich bitte um die Hilfe des erleuchtenden Bewusstseins des Finken, meinen eigenen Platz und meine Rolle in der Gemeinschaft zu erkennen. Auf welche Weise kann ich dem Selbst dabei am besten dienen?
Ich bitte das erleuchtende Bewusstsein des Finken mir zu helfen, zu erkennen, ob es für mich am besten ist, zu bleiben und die Sache auszuarbeiten, mit der ich konfrontiert bin, oder zu einem neuen Zyklus in meinem Leben weiter zu ziehen.

Fink

Der kleine Fink fühlt sich nicht getrennt vom Ganzen. Seine ganze Erfahrung spielt sich als Teil seines Schwarms ab. Das Bewusstsein des Schwarms ist *ein* Bewusstsein und die kleinen Vögel sind alle ein Ausdruck dieses einen Bewusstseins. Zu keiner Zeit fühlt sich der einzelne Fink außerhalb dieses größeren Bewusstseins, das durch ihn lebt.
Auf dieselbe Weise ist jeder von uns tatsächlich ein Teil des riesigen Bewusstseins, das Gott ist. In keinem Augenblick sind wir von diesem Bewusstsein getrennt und es lebt durch uns. Als menschliche Wesen trennen wir uns - im Gegensatz zum Finken - von der Bewusstheit des Bewusstseinskontinuums und halten uns für abgetrennt und alleine. Doch in Wahrheit sind wir zu keinem Augenblick von der größeren Wirklichkeit dessen, was wir sind, abgetrennt. Wie der Fink funktionieren wir als ein wertvoller Teil eines größeren Ganzen und wir reagieren und kommunizieren damit die ganze Zeit, je nach dem Grad an Wachheit, den wir erarbeitet haben. Menschen, die mit der Finkenessenz als ihrem bevorzugten Symbol resonieren leben ihr Leben als Teil der Gemeinschaft. Sie sind fähig, Freude daran zu finden, an etwas teilzuhaben, das größer ist als sie selbst. Ihr Bedürfnis ist es, ihre Geschicklichkeiten und Fähigkeiten für das Wohlergehen des Ganzen zu opfern. Wenn sie das tun können, dann sind sie wahrhaft erfüllt. Es sind gewöhnlich sehr harmonische Menschen, die sich mit anderen vereinigen können, ohne ihre eigene Handlungsweise zu sehr aufzudrängen. Bestimmte Gemeinschaften fordern besondere Arten strenger innerer Arbeit, und für viele Menschen kann dies ein machtvoller Weg zur Selbstverwirklichung sein. Es gibt viele Versuchungen und Fallen auf dem Weg und der Sucher kann mit sehr unbequemen Wahrheiten konfrontiert werden. Wenn du die Finkenkarte heute als Antwort auf eine Frage gezogen hast, dann halte Ausschau danach, was in Bezug auf eine besondere Gemeinschaftssituation in deinem eigenen Leben vor sich geht. Möglicherweise lebst du nicht in einer Gemeinschaft, doch die meisten Menschen sind irgendwie in eine solche eingebunden, sei es die Kirche, die Nachbarschaft, die Schule oder einfach eine Gruppe von Freunden. Was sollte in deiner Bewusstheit sich so verändern, um eine größere Harmonie in deinem Umfeld zu bewirken? Ist es die Schattenseite deiner Persönlichkeit, die andere verletzt oder die versucht, deinen eigenen Willen überzustülpen und somit zum Nachteil des Ganzen wirkt? Oder ist es die Schattenseite von jemandem anderen, der dich überschattet? Es ist ein riesiges Potenzial zum Wachstum in der Situation vorhanden, die alle einbezieht. Es kann aber auch sein, dass dieses Wachstum darin besteht, zu erkennen, dass es Zeit ist weiter zu wandern.

Affirmation

Ich bitte das erleuchtende Bewusstsein des Kanarienvogels jetzt bei mir zu sein. Ich lasse mich von seiner optimistische Energie auf den Weg der Freude zurückzuleiten. Ich bitte um Gottes Segen für meine Situation und um die Hilfe, die mich weiter bringt. Ich weiß, es gibt eine Lösung und ich werde den Weg dazu gezeigt bekommen..

Kanarienvogel

Der Kanarienvogel verkörpert die Sonnenenergie. Es ist eine helle, lebensbejahende Energie, die alles erwärmt. Kanarienvögel werden als Haustiere geschätzt, weil ihre schöne gelbe Farbe und ihre süßen Lieder wie kleine Sonnenstrahlen unser Heim erhellen. Die Liebhaber von Kanarienvögeln brauchen sie, damit sie ihnen ihre Herzen öffnen. Sie haben instinktiv diese Energie ausgesucht, damit sie ihnen hilft, über ihren eigenen Schatten zu springen, um ihre eigene Trostlosigkeit vergessen zu können.

Menschen, die mit dem Kanarienvogel als ihr besonderes Symbol resonieren, sind unbekümmerte, leichtlebige Zeitgenossen. Ihr Wesen ist warmherzig und fröhlich und sie bewirken immer eine Stimmungsverbesserung der anderen Menschen in ihrem Umfeld. Sie singen gern und können sehr leicht Musik auf ihrem Lieblingsinstrument komponieren. Die Menschen lassen sich gern von ihnen anziehen, um an ihrer Herzenswärme und Vitalität teilzuhaben. Kanarien-Menschen sind sensible Seelen, die ihre lebensbejahende Energie gut einsetzen können, um leidenden Menschen zu helfen. Alle Arten von Kanarienvögeln haben das Talent, Menschen aus ihrer Melancholie zurück in die Harmonie mit sich selbst zu führen. Viele Kanarien-Menschen arbeiten deshalb an Stellen, wo ihre Fähigkeit gebraucht wird, wie in Krankenhäusern oder freudlosen, düsteren Armutsvierteln. Der wichtigste Aspekt von diesen Menschen ist, dass ihre lebensbejahende Energie, die sich in sich tragen, nicht bewusst abgeschottet wird. Es ist einfach ihre Art und sie strahlt aus ihnen heraus und macht keine Unterscheidung der Menschen, die sie berühren soll. Sie ist daher insbesondere in Situationen wirksam, wo die Menschen bedingungslos akzeptiert werden möchten, wie in Gefängnissen oder psychiatrischen Anstalten oder jeder Art von Obdachlosenheimen. Die Kanarien-Menschen sind befähigte Seelen, die wirklich einen Unterschied ausmachen.

Wenn du die Karte des Kanarienvogels heute gezogen hast, dann kannst du optimistisch sein. Nehme immer das beste Ergebnis in jeder besonderen Lage an. Lasse dich vom liebreizenden Kanariengelb wärmen und dir Hoffnung geben. Hoffnung bringt automatisch das Gleichgewicht in deine Lebensumstände zurück und ermöglicht dir, deine Rolle positiv zu sehen, ohne die Scheuklappen des Unheils und der Verzweiflung. Revitalisiere dich nun durch die Bitte an das erleuchtende Bewusstsein des süßen Kanarienvogels, dein eigenes Energiefeld in Gleichklang mit seinem einzustimmen.

Affirmation

Eine bestimmte Sache bedarf meiner Energie und Aufmerksamkeit. Ich lade das erleuchtende Bewusstsein des Flamingos ein, mich so zu führen, dass ich in der Gruppe von Menschen mit demselben Ziel am besten funktioniere und ich bitte um Hilfe, meine persönlichen Ziele loszulassen, so dass ich meinen Dienst zum Wohle des Ganzen am besten einbringe.

Flamingo

Flamingos leben immer in Kolonien zusammen. Selten sieht man einsame Flamingos. Sie geben als Gruppe ein außerordentlich spektakuläres Bild ab – das einzelne Tier ist so viel weniger als die Summe aller anderen. Die Flamingo-Energie spricht zu uns als Nationsgemeinschaft. Sie ist der kombinierte Effekt so vieler verschiedener individueller Teile, was die Schönheit des Ganzen ausmacht. Es ist die Energie der Liebe, sie ist die vereinigende Kraft zwischen jeder Gruppe von Menschen und das sanfte Rosa des Flamingos resoniert machtvoll mit der Liebe.

Wenn du heute die Flamingo-Karte gezogen hast, um eine Antwort auf deine Frage zu bekommen, dann frage dich selbst, wo du in deinem Leben deine Energie in eine Situation einbringen kannst, um sie zu stärken. Viele von uns tendieren dazu, sich aus einer bestimmten Situation herauszuhalten, weil wir nicht erkennen können, dass auch unser Einsatz gebraucht wird, damit die Sache von Erfolg gekrönt ist. Die Flamingo-Karte sagt uns, dass es Umstände gibt, die unsere Energie und Kraft benötigen, um eine Verbesserung herbeizuführen. Wir mögen daraus keine Vorteile für uns persönlich ziehen, doch wir werden in unserem eigenen Herzen wissen, dass dieser Einsatz sinnvoll war. Die Belohnung liegt darin, dass die ganze Lage sich auf irgendeine Weise verwandelt hat und auch im Wissen, dass ich persönlich etwas dazu beitrage konnte.

Menschen, die den Flamingo als ihren Hauptvogel erkennen, haben oft das Gefühl, ihre Energien für eine größere Sache einsetzen zu müssen, als nur für ihr persönliches Weiterkommen. Das sind die Menschen, die sich in Hilfsorganisationen engagieren oder für Gerechtigkeit überall auf der Welt kämpfen, und die häufig nicht wahrgenommen werden. Doch sie haben ihr Leben dem Dienst an der Verbesserung des Lebens anderer Menschen gewidmet, unabhängig von Religion und Nation. Rosa ist die Liebesfarbe, und daher kann das persönliche Opfer nur erfolgreich sein, wenn es mit offenherziger Demut erbracht wird. Wenn dem persönlichen Ego erlaubt wird, die Sache zu überschatten, dann kann vieles verloren werden und die ganze Situation kann sogar umkippen, weil die individuellen Ambitionen im Vordergrund stehen.

Bitte das erleuchtende Bewusstsein des Flamingos um die notwendige Demut. Erinnere dich daran, dass du nur ein kleines Mosaik im ganzen Bild bist. Du wirst gebraucht, aber nur wenn du ohne irgendwelche persönliche Interessen deine Energie in die Angelegenheit einbringst.

22 PELIKAN 22

Affirmation

Ich lade das erleuchtende Bewusstsein des Pelikans ein, heute meine Hand zu halten, während ich durch den Sumpf meines Leidens stapfe. Ich weiß, dass ich .... loslassen muss. Helfe mir, mich von .... zu befreien und die Freude der Freiheit von Dingen zu erfahren, die mich in der Falle der körperlichen Existenz gefangen halten.

Pelikan

Die Pelikane sind die Vögel, die am engsten mit der Energie materieller Errungenschaften resonieren. Es ist nicht grundsätzlich falsch, materiellen Erfolg und Besitztümer zu erlangen bzw. zu erwerben. Doch das einzige, das man wahrhaft besitzen kann ist das eigene Selbst – sonst gibt es nichts. Der Weise weiß das und ist fähig, in der materiellen Welt ohne Anhaftung zu leben. Ob er oder sie nun reich oder arm ist, sie sind immer nur mit ihrem wahren Wesen identifiziert. Besitz kommt und geht, man kann sich daran erfreuen, doch man sollte nicht daran hängen bleiben.

Menschen, die sich dem Pelikan als ihrem Vogel verbunden fühlen, haben einen positiven Seinszustand erlangt, und identifizieren sich nicht mit ihren Besitztümern. Sie mögen viele geliebte Objekte sammeln, so wie der Pelikan seine Nahrung in seinem Backen sammelt, doch sie haben ihre Anhaftung an die Form dieser Dinge aufgegeben. Sie können sich am Eigentum von etwas erfreuen, doch sie haben keine Angst davor, es auch wieder zu verlieren. Dieses ist ein gesegneter Seinszustand. Er ermöglicht den Menschen mit den Spielzeugen der physischen Welt zu spielen ohne von ihnen gefangen zu sein. Der Zug zu den äußeren Errungenschaften ist jedoch so groß, dass nur sehr reife Seelen wirklich fähig sind, in diesem gesegneten Zustand der völligen Nichtverhaftung an materielle Dinge zu verweilen. Die meisten von uns schaffen das nicht.

Du hast heute die Pelikan-Karte gezogen. Sie soll dich wach rütteln, weil deine Seele an Dingen haftet, die sie von ihrer wirklichen Erfüllung abhalten. An wem oder was hältst du fest? Du kannst die mitfühlende Energie des Pelikans dafür nutzen, die unangemessene Anhaftung zu erkennen und sie gehen zu lassen. Wenn du innerlich deine Bewusstheit umschalten kannst, um so zu erkennen, dass alles Gott ist, und wenn du alle äußeren Formen loslassen kannst, um dich auf das Wesentliche zu konzentrieren, dann wird es dir gelingen, diese Sache oder diese Person leichter aus deiner Anhaftung zu befreien.

Pelikane verstehen wirklich das Prinzip des Sammelns und Loslassens und du wirst auf eine sanfte Art von ihnen in deinem Prozess begleitet, wenn du sie um Hilfe bittest. Erinnere dich einfach daran, dass alles nur ein einziges Selbst ist und daher nichts wirklich verloren gehen kann.

Affirmation

Ich heiße das erleuchtende Bewusstsein des Eisvogels in meinem Herzen willkommen. Ich bin bereit, mich daran zu erinnern.

Eisvogel

Eisvögel leben in der Nähe von Seen und Flüssen. Sie leben in Bäumen und fliegen in der Luft, aber sie sind abhängig vom Wasser wegen ihrer Nahrung. Die Energie des Eisvogels ist äußerst transformatorisch. Sie sind die Vogel-Entsprechungen zu den heiligen Menschen dieser Welt. Ihre zutiefst spirituelle Essenz durchdringt unsere Körperlichkeit und erinnert uns an unseren nichtkörperlichen Zweck. Heilige Frauen und Männer geben ihren Segen an die Welt, um die Menschen auf eine höhere Ebene des spirituellen Verstehens zu erheben. Das erleuchtende Bewusstsein des Eisvogels ist ein überwältigendes Wesen, das in der Natur wirkt, um einen besonderen Ton zu erzeugen, der jenen, die sich darauf einstimmen können, eine Möglichkeit gibt, ihre wahre Natur zu verwirklichen.

Menschen, die mit dem Eisvogel als ihrem besonderen persönlichen Symbol resonieren, verwandeln im Stillen das stumpfe Blei zu glänzendem Gold in allem, was sie berühren. Ihre Gegenwart ist ein Segen und ihre Wirkung ist wie ein Kräuseln auf einem unendlichen Ozean, der sich gerade draußen in die Ewigkeit ausdehnt.

Wenn du heute die Eisvogel-Karte gezogen hast, dann verbindest du dich mit deinem wahren Selbst. Etwas Einzigartiges geschieht, das dir die Schleier wegzieht und dir ermöglicht, dich daran zu erinnern, wer du wirklich bist. Du bist dies die ganze Zeit gewesen, doch die Täuschungen der physischen Welt haben dich von etwas anderem überzeugt. Nun weißt du es.

Affirmation

Ich erlaube dem erleuchtenden Bewusstsein der Möwe mir zu helfen, an meine unbewussten Ängste und Programme heranzukommen. Ich bitte Gott, in diesem Prozess bei mir zu sein. Ich kann frei schweben.

Ich bitte das erleuchtende Bewusstsein der Möwe mich wieder in den Himmel zu heben, so dass ich frei fliegen kann.

Möwe

Stelle dir vor, du könntest völlig unbehindert und uneingeschränkt über das Meer fliegen und dabei hinunterblicken auf die schöne, ausgedehnte Wasserfläche. Es ist eine riesige Welt, die du selbst beherrschst. Du musst sie nicht fürchten, denn wenn du müde bist, kannst du dich auf ihr niederlassen und dich einfach von ihr mittragen lassen. Und wenn du hungrig bist, brauchst du nur einzutauchen und dir einen Fisch schnappen. Ein solches Wesen kennt keine Begrenzungen, es benötigt weder Strand noch feste Erde unter sich. Welch eine Freiheit!

Wenn die Möwe dein persönliches Vogelsymbol ist, dann hast du dich über die irdischen Belastungen erhoben. Nichts kann sie wirklich auf dem Boden festhalten, und doch haben solche Menschen auch ihre Aufgabe. Das Reich des Unbewussten, symbolisiert durch das Meer, wartet auf ihre Arbeit. Sie müssen in seine Tiefen hineintauchen und das Verborgene ins Licht der bewussten Aufmerksamkeit hervorholen. Dies sind Menschen, die tief mit ihrer inneren Arbeit beschäftigt sind und die wahrscheinlich nicht besonders mit der physischen Welt und ihren glänzenden Angeboten identifiziert sind. Ihre Energie ist sehr fokussiert auf das Enträtseln ihrer inneren Dämonen, die sie loswerden möchten, so dass das Licht des Geistes unbehindert durch sie hindurch scheinen kann. Dies kann eine lange Reise sein und viele Jahre dauern, doch wenn sie einmal zu Ende ist, gibt es nichts mehr, was die Aufmerksamkeit von der eigenen Wahrheit abziehen könnte – und die Möwe wird zum Albatross. Sie wird unbehindert über die stürmische See fliegen, ohne Notwendigkeit, irgendwo zu landen.

Du hast heute die Möwenkarte gezogen, weil dein Leben dir nun zeigt, wohin dein Weg führen wird. Du lernst nun, eine Möwe zu werden oder sogar ein Albatross, uneingeschränkt von irdischen Sachzwängen. Du konzentrierst deine Energie vielmehr darauf, deine Ängste und alten negativen Emotionen aus deinem Unterbewusstsein hervorzubringen, um vom Licht deines bewussten Selbst geheilt zu werden. Wenn du dich von diesem anscheinend endlosen Prozess ermattet und lustlos fühlst, dann nehme eine Auszeit. In unserem Eifer alle anscheinend dunklen Ecken unserer Psyche aufzudecken vergessen wir manchmal, einfach nur das Licht anzuschalten. Wir sind nicht allein und Gott ist auch in jeder dunklen Ecke und in jedem Augenblick. Vergesse nicht, das Licht Gottes deine Wunden für dich heilen zu lassen. Wenn du ohne dieses Licht mit Dämonen kämpfst, dann lebst du immer noch in der Illusion, von Gott getrennt zu sein, und du bist gefährdet, zu ertrinken.

Affirmation

Ich wünsche, von diesem Moment an mit dem erleuchtenden Bewusstsein des Reihers zu arbeiten. Ich lade meinen Geist ein, damit er an mir arbeitet und dass ich von belastenden Energien frei werde.

25

Fischreiher

Reiher sind wunderschöne, elegante Kreaturen. Ihre Energie bietet uns eine Gelegenheit, uns von unerwünschten Störungen im feinstofflichen Körper zu reinigen. Ein gutes Beispiel dafür sind die Kuhreiher. Sie schließen sich gern dem Vieh oder in Afrika auch dem Großwild an und fangen die aufgescheuchten Insekten; auch liest der Kuhreiher den Stieren und Pferden in der Camargue und den Elefanten und Büffeln in Afrika Parasiten ab. Die Energie des Reihers ist wunderbar hilfreich, wenn du sie für dich nutzen kannst, falls du Hilfe benötigst, unerwünschte Verhaltensmuster oder irgendeine Art stockender, alter Energie aufzulösen.

Du wirst dich vielleicht als jemanden erkennen, der die Reiher-Energie ausstrahlt, wenn du in der Welt mit irgendeiner Reinigungstätigkeit zu tun hast, buchstäblich oder bildhaft gesprochen. Du wäschst den Schmutz ab, um mehr Licht an den Körper heran zu lassen und Gott liebt dich dafür. Schmutz in jeder Form, sei es nur einfacher Dreck oder innere „Verschmutzung" zieht deine Schwingung herunter, so dass das subtile Licht Gottes weniger in der Lage ist, sich voll auszudrücken. Säuberungs- und Reinigungsrituale sind daher keine leeren Formen von Religionen, sondern extrem wirksame Methoden, um die Schwingungsebene von jemandem oder von etwas zu erhöhen, so dass der Geist sich selbst offenbaren kann.

Mit der Wahl des Reihers heute hast du dich für deine innere Reinigung entschieden. Vielleicht bist du nun bereit, eine wesentliche Bewusstseinsveränderung anzustreben oder du hast zuviel alte Energie in deinem System abgelagert, das du loswerden solltest. Es kann auch ein Signal dafür sein, auf deine Ernährung zu achten, vielleicht auch eine Entgiftungskur zu machen.

Was auch immer in deinem Leben erhellt werden soll, die Reiher-Energie wird dir einen wunderbaren Anschub dafür geben, den Prozess durchzustehen. Lade das erleuchtende Bewusstsein des Reihers ein, damit er dir hilft, die Fenster deiner Seele zu putzen, so dass das Licht deines schönen Geistes für alle sichtbar scheinen kann.

Affirmation

Von diesem Augenblick an mache ich mich frei von der feindlichen Haltung zu mir selbst. Ich verbünde mich mit dem strahlenden Bewusstsein der Ente, die mich dabei unterstützt, mir jeden Moment der Selbsterniedrigung bewusst zu machen. Ich gestehe, dass ich sehr wertvoll bin und ich verpflichte mich, für diesen Schatz zu sorgen mit jedem Gedanken, mit jedem Wort und jeder Tat, für die ich verantwortlich bin.

Ente

Wir sind nicht freundlich zu uns selbst. Jeder von uns pickt zu einem gewissen Grad immer an sich selbst herum. Es gibt wenig, das wir an uns schätzen, und dieser innere Dialog zerrt ständig an uns. Hast du je eine Gruppe von Enten gesehen, die in einem Teich oder Fluss schwimmen? Sie quasseln und picken wild aufeinander. Die Entenenergie hilft uns, in Berührung mit unserer eigenen Missgunst zu kommen und sie dann zu etwas freundlicherem Verhalten zu uns selbst zu transformieren.

Du hast heute die Entenkarte als Antwort auf eine Frage gezogen oder zum Lesen einer täglichen Lektion, weil du einen Aspekt von dir selbst wahrgenommen hast, den du bestimmt nicht besonders beachtet hast. Halte inne und denke einen Augenblick über dein Leben nach. Wenn es das Leben eines anderen wäre, das du betrachtest, für was würdest du sie oder ihn loben? Was wäre die glanzvolle Errungenschaft dieser Person? Würdest du ihr oder ihm freundlich auf die Schulter klopfen und sie für ihre enorme Anstrengung loben? Wenn du das für jemanden anderen tun würdest, warum nicht auch für dich – jetzt sofort?

Wenn die Ente dein Vogelsymbol ist, dann bist du eine Person, die extrem hart zu sich selbst ist. Bei jeder Gelegenheit machst du dich selbst herunter und lässt dich ungern loben. Du willst anderen nicht zu Last fallen, doch dir selbst gibst du nur wenig Freiheit. Die größte Herausforderung in diesem Leben ist es zu lernen, sich selbst zu lieben. Beobachte deine inneren Dialoge, das Hamsterrad im Kopf, und erkenne deutlich, wie schlecht du dich selbst behandelst. Jedes Mal machst du dich selbst fertig, deshalb höre in diesem Augenblick damit auf, halte deine Gedanken an und ersetze sie mit Gedanken, die dein Selbstwertgefühl verbessern.

Das erleuchtende Bewusstsein der Ente versteht ganz gut die Tendenz, sich selbst zu verletzen. Wenn du diese Energie anzapfen kannst, wirst du einen Verbündeten in deinem Prozess haben, der inneren Selbstzerstörung gewahr zu werden. Wenn du einmal bemerkst, wie vergiftend deine Beziehung mit dir selbst ist, kannst du eine Veränderung einleiten. Es wird einige Willenskraft kosten, diese Gedankenmuster und automatische Reaktionen zu liebevolleren zu transformieren.

Erinnere dich immer daran, dass dein wahres Selbst nichts weniger als Gott ist. Wenn du dich nicht selbst als Teil Gottes ehren kannst, hat Gott eine schwere Zeit, zu dir durchzudringen. Wenn du daran arbeitest, dich mehr selbst zu lieben, dann kann sich Gottes Liebe deutlicher bemerkbar machen und du kannst anfangen, so wie ein strahlendes Wesen zu glühen, das du im Inneren bist.

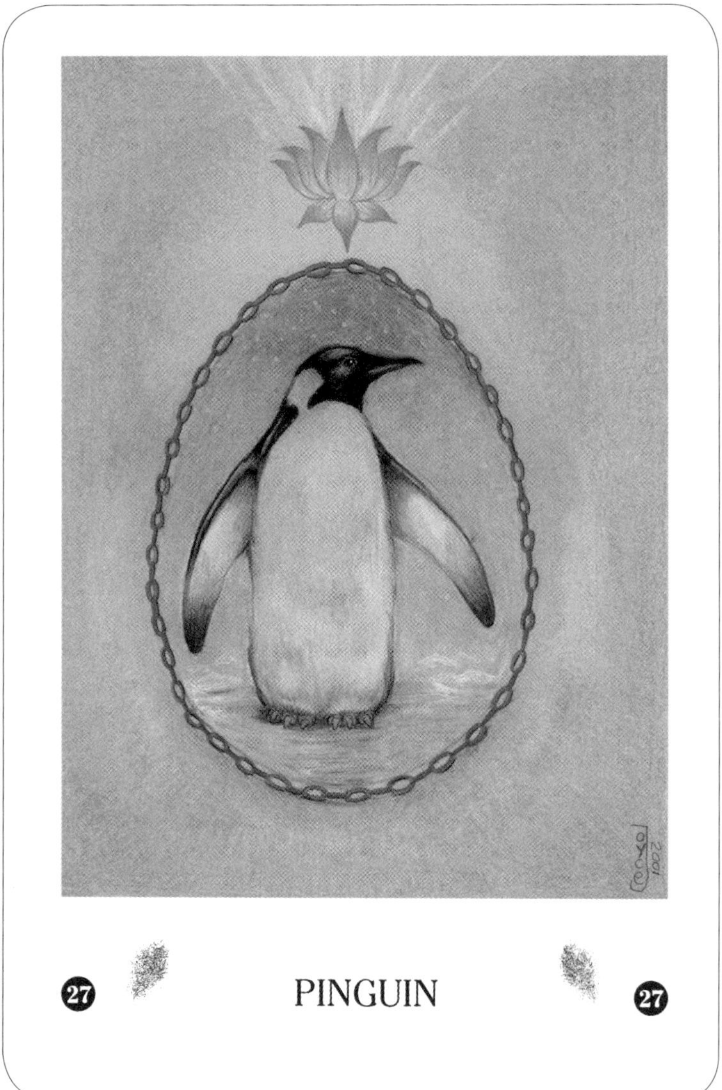

Affirmation
Ich bin schön. Es gibt nichts in oder an meinem Körper, das nicht heilig ist und von Gott geliebt wird. Ich bitte das erleuchtende Bewusstsein des Pinguins mit zu helfen, mich mit den Augen Gottes zu sehen. Ich befreie mich von meiner Gegnerschaft zu meinem Körper und bitte ihn, von nun an meine Liebe anzunehmen.

27

Pinguin

Der Pinguin ist ein sehr witziger Vogel, wenn man ihn an Land beobachtet, doch wenn er unter dem Wasser schwimmt, um Fische zu fangen, hat er überhaupt kein Problem damit, er ist ein äußerst geschickter Schwimmer. Die Pinguine sind so intelligent, dass sie sich als Gruppe organisieren, um Fischschwärme zu umkreisen und zur Wasseroberfläche zu drängen, um mehr Fische zu erwischen. Das Pinguin-Bewusstsein reflektiert die Energie einer perfekten Seele gefangen in einem ungeliebten oder witzigen Körper. Es kann eine riesige Hilfe für jene sein, die sich in einem Körper gefangen fühlen, der nicht den Vorstellungen entspricht, die man davon hat.

Menschen, die sich mit dem Pinguin als ihrem Vogelsymbol identifizieren, neigen dazu, sich auf vielfältige Weise in ihrem Körper nicht gut zu fühlen. Sie können tatsächlich körperliche Behinderungen haben und ärgern sich nur darüber, dass ihr Körper nicht einer vollkommenen Form entspricht. Sie haben diese körperliche Ungenügsamkeit auf irgendeine Weise kompensiert. Entweder haben sie einen starken Intellekt entwickelt oder gehen nach innen und finden dort die Freiheit eines ungebändigten Geistes. Die Herausforderung hier ist, dass sie sich selbst so annehmen, wie sie sind, mit einem unvollkommenen Körper oder allen anderen Abweichungen von ihrer Vorstellung. Sie müssen ihren Ärger auf sich selbst, weil sie anders sind, aufgeben und stattdessen lernen, ihre Einzigartigkeit zu lieben. In diesem Kampf lernen sie, wer sie wirklich sind.

Du hast heute den Pinguin gezogen, weil es einen Aspekt mit deinem physischen Körper gibt, den du verabscheust. Halte für einen Augenblick ein und denke darüber nach, wie es sich anfühlt, verabscheut zu werden. Dein Körper hat ein eigenes Bewusstsein – er reagiert auf die Energien, die du ihm zukommen lässt. Jedes einzelne Ding im Universum wächst und gedeiht unter dem Einfluss der Energie der Liebe, und verwelkt und stirbt, wenn es zu viel Hass bekommt. Dein Körper macht da keine Ausnahme. Unter dem Bombardement von Kritik und Ablehnung kann er nur eine Weile funktionieren. Pinguin-Energie kann dir ein Verbündeter sein, um dich selbst als schön zu sehen. Wenn du es schaffst, dich so wie du bist als schön wahrzunehmen, wirst du die heilige Form eines vollkommenen Gottes oder Göttin sehen, die durch den heiligen Kelch hindurchstrahlt. Und du hast den heiligen Gral entdeckt.

Affirmation

Ich bitte Gott mir beizustehen, wenn ich meinem Verfolger gegenüberstehe. Ich weiß, dass ich diese Schlacht gewinnen kann. Ich bitte das erleuchtende Bewusstsein des Regenpfeifers mir ausreichend Mut zu geben. Ich erkenne meine Stärke und ich sehe die Unterstützung. Ich kann es.

Regenpfeifer

Das charakteristische Merkmal des Regenpfeifers ist die Heftigkeit, mit der er sein Nest und seine Eier verteidigt. Am Boden hüpfend lenkt er jeden potenziellen Feind von seinem Nest weg, manchmal stellt er sich sogar verletzt, so als ob er ein gebrochenes Bein oder einen unbrauchbaren Flügel hätte. Wenn er das Raubtier dazu verführt hat ihm zu folgen, dann fliegt er einfach weg. Auf einer Energieebene bietet er uns daher die Fähigkeit an, eine bedrohliche Kraft zu kaschieren, die uns vielleicht bedroht, auch wenn wir uns weniger mächtig als ein Angreifer fühlen oder aussehen.

Wenn du diese Karte heute gezogen hast, dann sagt dir das Leben, dass du die Kraft in dir hast, als Sieger aus einer gefahrvollen Situation hervorzugehen, in der du dich gerade befindest. Du scheinst zerbrechlicher zu sein, doch du hast den Mut, die Umstände geschickt zu deinem Vorteil umzudrehen. Lass dich nicht von einer augenscheinlichen Überlegenheit eines Gegners einschüchtern – dies ist eine Art der Situation wie beim Mythos von David und Goliath – und auch Giganten können besiegt werden. Wenn du um Hilfe vom erleuchtenden Bewusstsein des Regenpfeifers bittest, hast du mit ihm einen starken Verbündeten und kannst dich sogar selbst für mutig halten. Du musst nicht glauben, dass du diese Situation alleine meistern sollst, rufe nach der Gegenwart Gottes zu deiner Unterstützung und du kannst versichert sein, dass du alle Hilfe der Welt erhältst. Diese Karte ist ein Zeichen deiner inneren Helfer, dass sie dich immer unterstützen und mit deinem Feind kämpfen werden. Die Geschichte einer jetzigen Situation verlangt danach.

Menschen, die sich eng mit dem Regenpfeifer als Vogelsymbol verbunden fühlen, sind wahrscheinlich schon durch ein derartiges Szenario hindurch gegangen. Sie kennen bereits ihre Fähigkeit aus einer augenscheinlich unmöglichen und bedrohlichen Situation herauszugelangen. Dies hat ihnen genügend Selbstsicherheit gegeben und das Selbstvertrauen, in der Lage zu sein, die Hilfe von unsichtbaren Helfern herbeizuwünschen. Sie werden dir sagen können, dass wenn du den Geist ehrst, dann wird dich der Geist ebenso ehren. Wenn du dich in deinem gegenwärtigen Prozess selbst anerkennst und deine Würde und Selbstachtung zurückholst, dann ehrst du auch den Geist. Dein Verbündeter ist der Regenpfeifer, dessen Energie immer angerufen werden kann, wenn du Hilfe oder Zugang zu deiner persönlichen Kraft suchst und so am Ende triumphieren kannst.

Affirmation

Ich habe die Sache beendet. Ich danke dem erleuchtenden Bewusstsein der Gans für die Belohnung für meine lange und anstrengende innere Arbeit und ich höre den Beifall.

Gans

Gans-Energie materialisiert Wohlstand. Die Geschichte von Jack und der Bohnenranke oder der Gans, die goldene Eier legt, enthalten diese Botschaft auch. Es ist der Wohlstand, der durch die Schlacht gegen innere Giganten gewonnen wurde, der sich durch die Gans verkörpert. Wenn der Gigant einmal geschlagen ist, kann die Energie, die er gebunden hatte und daher unbrauchbar war, sich in die Welt ergießen. Dies bringt reiche Früchte in Form von materiellem und spirituellem Wohlstand.

Wenn die Gans bereits dein Vogelsymbol ist, dann hast du wahrscheinlich schon die reiche Ernte eingefahren, welche die Gans-Energie repräsentiert. Der Himmel hat dich mit sichtbarer Wirkung gesegnet. Deinen eigenen inneren Dämonen zu erschlagen, wird dich eine große Menge ungeheuer fokussierter Anstrengung gekostet haben – um deine Ängste zu überwinden und der ganzen Wahrheit über dich selbst ins Gesicht zu sehen. Doch nun kann das Ziel erreicht werden und das Leben wird diese Energie in dich zurückfließen lassen, ohne besondere Anstrengung deinerseits. Deine Freunde werden dich glücklich schätzen, aber du weißt es besser. Vielleicht weißt nur du und Gott genau, was der Sieg über den inneren Giganten dich kosten wird und du weißt, dass das Ergebnis nun Beifallskundgebungen mit sich bringt.

Wenn du heute die Gans gezogen hast, bedeutet dies die Beendigung eines Prozesses. Es ist ein Triumph. Nun kannst du dich endlich ausruhen. Die Karte sagt dir, dass du deine inneren Dämonen überwältigt hast und du nach vorne blicken kannst in eine Zeit großzügiger Segnungen und Frieden. Gut gemacht!

Affirmation
Ich lade das erleuchtende Bewusstsein des Kormorans ein, mir heute zu helfen. Ich höre das Bedürfnis von .... nach Unterstützung und bitte Gott, ihm oder ihr zu helfen, auf das Licht zuzugehen. Oder:
Ich bitte das erleuchtende Bewusstsein des Kormorans mir zu helfen, mich aus meinen Ängsten herauszuführen, die mich in dieser unglücklichen Situation gefangen halten. Ich habe erkannt, dass es Zeit ist, loszulassen und weiterzugehen.

Kormoran

Kormorane haben eine andere Energie als Möwen, obwohl sie beide in ähnlicher Umgebung leben. Sie bieten das Geschenk, deinen Geist nach dem Tode vom Körper zu befreien und die Seele zu ihrer Bestimmung zu führen. Sie machen dies nicht in ihrer physischen Form, sondern in ihren eigenen Geistkörpern. Ihre Energie kann um Hilfe gebeten werden, wenn es ein Mensch schwer hat, sich nach dem Tod vom physischen Körper zu verabschieden. Ihre Energie kann auch dabei helfen, jemanden auf eine höhere Schwingungsebene zu bringen, wenn diese Person an einem unbequemen Ort festsitzt.

Menschen, die eine besondere Beziehung zu dieser Kormoran-Energie haben, werden vermutlich bereits derartige Rettungstaten vollbringen, manchmal ohne es zu wissen. Viele von uns sind während der Nacht sehr aktiv in den spirituellen Bereichen und arbeiten mit den Engeln zusammen, um gefangene Seelen zu befreien.

Wenn du heute den Kormoran gezogen hast, dann gibt es vielleicht einen Menschen, der dich um Hilfe bittet. Du wirst wahrscheinlich wissen, wer das ist, aber wenn du es nicht weißt, dann setze dich still in eine Meditation und halte Ausschau danach, ob diese Person dir in den Sinn kommt. Bitte das erleuchtende Bewusstsein des Kormorans das Licht um diesen Menschen zu erhellen. Dann bitte Gott, die richtigen Helfer zu schicken, um diese Person zu dem Ort zu führen, wo sie oder er in Frieden ist. Du wirst vermutlich ein Gefühl der Energieumwandlung haben, wenn dies geschieht. Vergesse nicht, dich für die assistierenden Energien hinterher zu bedanken. Du musst keine eigene Energie für diesen Vorgang einsetzen – du brauchst nur um die angemessene Hilfe zu bitten.

Die Kormoran-Energie ist manchmal auch die richtige Energie für jemanden im physischen Körper, der emotional an einer unbequemen Stelle festgefahren ist. Sie kann einen neuen Schwung geben, der nötig ist. Es ist, als ob die betreffende Person erkennen muss, dass das alte Leben, das sie führt, tatsächlich vorüber ist und sie endlich loslassen muss. Die Energie des Kormorans kann Menschen helfen, dies zu sehen und dann zu einem strahlenderen Ausdruck von sich selbst zu leiten.

Du hast heute die Kormoran-Karte gewählt, weil du selbst die Person bist, die Hilfe benötigt, um aus einem Lebensloch herauszufinden. Furcht ist immer die Energie, die uns daran hindert, vorwärts zu gehen. Erkenne deine Furcht und bitte das erleuchtende Bewusstsein des Kormorans dir zu helfen, dich aus deinem Gefängnis zu befreien, in dem du dich selbst gefangen hältst.

Affirmation

Ich lade das erleuchtende Bewusstsein des Kranichs ein in diese spannungsgeladene Situation einzutreten und eine liebevolle Lösung zu erreichen. Ich bitte es auch, mein Herz von den subtilen Vorurteilen zu reinigen, die immer noch einen Rest von Getrenntheit von anderen in mir festhalten. Ich umarme.........

Kranich

Die mächtige Segnung des Kranichs ist es, dass er die Energie trägt, die notwendig ist, um irrationale Vorurteile in Toleranz und Verstehen umzuwandeln. Es ist kein Zufall, dass der vorzügliche blaue Kranich das Vogelsymbol von Südafrika ist. Die hell strahlende Gegenwart des Kranichs hat langsam seinen heilenden Einfluss ausgeübt – mit erstaunlichem Ergebnis.

Du hast heute diese Karte gezogen, weil das Leben es für dich heilen möchte. Es gibt einige Bereiche in deinem Leben, die nicht im Gleichgewicht sind, weil es notwendig ist, dass du mehr dauerhafte liebevolle Energie in dieser Richtung einbringen musst. Jedes Vorurteil, egal wie subtil, hält uns im Zustand der Trennung. Wir können keine mystische Vereinigung mit dem Göttlichen erfahren, wenn wir unsere Liebe anderen Menschen vorenthalten. Liebe bittet uns, die Hand zu reichen und zu umarmen, nicht zurückzuhalten oder abzulehnen.

Wenn du dir einmal im Klaren über die Art deiner Vorurteile bist, dann bitte das erleuchtende Bewusstsein des Kranichs in diese Situation einzutreten und dir zu helfen, deine innere Kraft vom Beurteilen und Gegensatz zu einem liebenden Mitgefühl umzuwandeln. Du musst nicht mit allem übereinstimmen, um tolerant und verständnisvoll in deiner Haltung zu sein. Du solltest es einfach in deinem Herzen einbeziehen als Teil der wunderbaren Komplexität des Lebens, das die Göttlichkeit in einer Myriade von Verschiedenheiten widerspiegelt.

Wenn du den Kranich bereits als dein persönliches Vogelsymbol auserkoren hast, dann ist das Heilen der Wunden von Vorurteilen deine besondere Aufgabe und Fähigkeit. Du wirst wissen, auf welche Weise sich dies in deinem Leben manifestiert. Es mag deine tägliche Arbeit sein oder es kann in einer Situation vorkommen, in der du gefragt bist, zwischen aufeinander prallende Fraktionen oder Meinungen zu vermitteln. Menschen mit Kranichenergie haben die ausgezeichnete Qualität, eine angespannte Situation aufzulösen.

Das erleuchtende Bewusstsein des Kranichs bietet sich selbst der Welt zu dieser Zeit an, weil es so wichtig ist, die Mauern von Hass und Intoleranz zwischen verschiedenen Gruppen und Völkern niederzureißen und die Feindschaften aufzulösen. Dies ist ein wahres Geschenk, das wir unserem Planeten darbieten können. Wenn wir dieses Bewusstsein ins Leben bringen und jede feindliche Situation auflösen, bewegen wir uns langsam vom Festhalten an den Unterschieden zur Erkenntnis unserer Verbundenheit – und jenseits davon tatsächlich zum Gefühl der Liebe, das uns alle verbindet.

Affirmation

Ich akzeptiere freudig, dass eine neue Dämmerung für mich angebrochen ist. Ich danke dem erleuchtenden Bewusstsein des Kolibris für die Öffnung meiner Wahrnehmung, um das zu sehen, was tatsächlich existiert. Ich weiß, dass ich mich aus alten Beschränkungen befreit habe und dass glückliche Ergebnisse für mich wahr werden.

Kolibri

Kolibris und Honigsauger tragen beide ähnliche Energien. Sie drücken die Freude aus, die in allem Lebendigen ist und erinnern uns, das Fest zu feiern, das uns das Leben bietet. Kolibris haben jedoch ein anderes erleuchtendes Bewusstsein als die Honigsauger und bringen daher leicht verschiedene Energien.

Die Energie des Kolibris trägt besonders die Resonanz der Freiheit von Schmerz und Leid. Wenn du heute die Kolibri-Karte gezogen hast, dann kannst du mit dem Leben so umgehen, dass du dich von den schweren Ketten der Vergangenheit befreit hast und einen Neuanfang im Licht der Freude machen kannst. Es ist eine Botschaft für dich, der du folgen solltest. Möglicherweise wird das Licht vollständig durch die Wolken brechen und der Segen wird so überwältigend sein, dass Schmerz und Leiden dich nicht mehr länger begleiten. Du wirst es schaffen – lasse dich nicht entmutigen.

Die Kolibri-Energie wird dich auf deinem Weg zur Befreiung voranbringen, wenn du sie nun in dein Leben einlädst und sie bittest, dich auf deiner Reise zu begleiten. Es gibt keinen Zweifel, dass diese Reise dich irgendwo hinführt und dann deine gute Arbeit dich langsam aus dem Sumpf der Illusion in das Licht der Wahrheit herauszieht.

Wenn du bereits eine starke Verbindung mit dem Kolibri als deinem Vogelsymbol hast, dann benutzt du die Macht des Kolibris in deinem Leben, um dich selbst aus schmerzhaften und leidvollen Begebenheiten herauszuheben und wahrscheinlich hilfst du auch anderen, dies auch zu schaffen. Du verstehst ganz selbstverständlich, wie das geht. Ein Glanz umhüllt dich, der andere Menschen an die freudvollen Dinge erinnert, einfach nur, weil du da bist.

Das Summen der Kolibriflügel ist das OM der Existenz. Freude lebt in dieser Schwingung, auch Friede und Liebe. Du hast heute diese Karte gezogen, um dir zu signalisieren, dass die Zeit des Leidens zu Ende geht und dass du ganz bestimmt Magie und Wunder erwarten kannst, um deine Tage zu versüßen.

Affirmation

Ich bitte das erleuchtende Bewusstsein des Honigsaugers meinen Tag zu erhellen. Ich weiß, dass ich gesegnet bin und dass Fülle und Kameradschaft mich erfreuen werden. Ich erkenne meinen Beitrag für die Welt und nehme das Angebot des Lebens im Gegenzug gerne an. Ich habe mich entschieden, jetzt Spaß zu haben.

Honigsauger

Honigsauger sind die schönsten, schillerndsten Juwelen, die uns allein durch ihre Schönheit und der Freude an den Wundern der Natur beglücken. Diese außergewöhnlichen kleinen Nektarsucher tragen die kostbare Energie des Überflusses und der Fülle. Sie erzählen uns von der Reichhaltigkeit unseres Lebens und erinnern uns an die Tatsache, dass es eine großzügige Natur gibt, die uns am Leben erhält und mit ihren süßen Gaben ernährt. Honigsauger fliegen paarweise und erinnern uns auch an ein frohes Miteinander beim Weg durch das Leben. Ein Honigsauger im eigenen Garten ist wie ein wertvoller kleiner Juwel, der von Gott gesandt ist, um uns zu mahnen, dass die Fülle des Universums zu unserer Freude existiert. Wenn du von Natur aus ein „Honigsauger" bist, dann beschwörst du eine frohe Reaktion vom Leben. Beziehungen sind für dich wichtig und du ziehst viele an, die gerne mit dir befreundet sein möchten. Du neigst dazu, wählerisch zu sein, wen du gerne in der Nähe haben möchtest und du wirst die Gesellschaft von nur einem oder zwei besonderen Begleitern anziehen, obwohl du einen großen Teamgeist hast, wenn es sein muss, da du auch einen Sinn für Humor hast. Wenn du ein Honigsauger bist, bist du gesegnet mit der Freude einer wahrhaft verträglichen Ehe. Gott lächelt über die Honigsauger und dies ist eines der Geschenke des Lebens, die du schätzen solltest. Das andere Geschenk des Lebens, das diesen Menschen gewährt wurde, ist die Fähigkeit materiellen Wohlstand für sich anzuziehen. Sie sind sich immer der materiellen Unterstützung des Universums sicher. Das ist so, weil sie umgekehrt auch vieles dem Leben zurückgeben. Ihre Anwesenheit auf diesem Planeten bringt eine große Freude und Bereicherung für viele Menschen. Honigsauger-Menschen wissen in ihrem Herzen, dass ihr richtiger Partner genau zur rechten Zeit in ihrem Leben auftauchen wird. Egal wie viele anscheinend wundervolle Menschen ihre Hand zur Ehe fordern werden, sie sind damit gesegnet, dass sie eine innere Stimmgabel besitzen, die nur mit dem Klang eines bestimmten Menschen resoniert, der oder die Person, die ihre Sehnsucht nach einem Seelengefährten erfüllen wird. Wenn du heute diese Karte gezogen hast, dann ist es ein Tag voll reicher Belohnung. Du sollst wissen, dass das Leben süße Gaben verspricht. Du hast dem Leben etwas gegeben und die reiche Ernte kann nun eingefahren werden. Gott lächelt über dich und schickt seine Geschenke. Du wirst keinen Mangel an wahrer Seelenfreundschaft haben, auch keinen Mangel an materiellen Erfolgen. Das Leben bedankt sich bei dir. Du bist ein wertvolles Vermögen für diese Welt und deine Beiträge wurden bemerkt. Habe nun Spaß und erfreue dich am Nektar des Lebens.

Affirmation
Ich bitte das erleuchtende Bewusstsein des Geiers mir dabei zu helfen, mir diesen schändlichen Aspekt in mir, zu vergeben. Helfe mir meinen Wert zu erkennen als Mensch trotz dessen, was ich gerade sehe. Ich weiß, dass ich geliebt werde, dass ich nicht von Gott so verurteilt werde, wie ich mich selbst verurteile. Ich weiß, dass ich ein göttliches Wesen bin mit einer menschlichen Erfahrungsmöglichkeit, dass ich immer ganz bin und dass diese Erfahrung der Schande eine Täuschung ist.

Geier

Geier können verendete Tiere in lebenserhaltende Nahrung für sich selbst umwandeln. Hinter ihrer grotesken Erscheinung und haarsträubenden Aktivitäten liegt ein wertvolles Geschenk der Natur. Sowie auf der physischen und spirituellen Ebene ist das Angebot des erleuchtenden Bewusstseins des Geiers die Eigenschaft, etwas Verfaulendes zu konsumieren und es dabei zurück zu transformieren in einen aufbauenden Teil des Lebenszyklus.

Du fühlst dich vermutlich nicht hingezogen zum Geier als dein besonderes Vogelsymbol. Doch wenn du es bist oder wenn der Geier einmal eine unerwartete Erscheinung in deinem Leben auf irgendeine Weise war, dann gibt es deine dunkle, beschämende Seite in deinem Leben, das du ins Licht zurückholen möchtest, damit es gereinigt und vergeben wird. Genauso wie der Geier anerkannt werden sollte für das Geschenk, das er dem Leben gibt, fordert dich diese Schattenseite deines Lebens auf, sie genauer zu betrachten. Du musst dich noch einmal damit konfrontieren und ihren abscheulichen Aspekten ins Gesicht schauen und dann fragen, wie dir diese Schattenseite gedient hat. Wenn du einmal ihre Gabe wahrgenommen hast, wird es dir leichter fallen zu vergeben und den Teil von dir zu segnen, den du lieber im Verborgenen gehalten hättest.

Hast du heute die Geier-Karte gezogen, dann macht das Leben dir das Angebot des erleuchtenden Bewusstseins des Geiers, dir auf ähnliche Weise der Sache ins Auge zu sehen und dem Teil deines Wesens zu vergeben, das du schwer akzeptieren kannst. Wir alle haben unsere Schattenseite. Während diese Seite verborgen bleibt und nicht studiert wird, übt sie eine enorme Macht über uns aus, die uns dazu verleitet, Dinge zu tun, die wir an uns hassen. Wenn wir einmal diese unerlösten Seiten in uns ins Bewusstsein bringen kann ihre Macht konstruktiv werden, statt destruktiv im Hintergrund zu wirken. Dazu kann die Energie des Geiers beitragen. Sie weiß genau, wie wir die destruktive Schattenenergie in eine konstruktive Liebesenergie umwandeln können.

Deine Karte schlägt vor, dass du diese Energie in dein Leben einlädst, um dir zu helfen, durch diesen schwierigen Prozess hindurchzugehen, in dem du alle geheimen Schändlichkeiten aufdeckst und schließlich an einen inneren Ort zu gelangen, an dem du trotz deiner Sünden ein liebenswertes, schönes, ganzes und vollständig wertvolles menschliches Wesen bist.

Affirmation

Ich bin eins mit meinem wahren Selbst. Ich feiere freudig meine wahre Natur, die Gott ist. Ich sehe meine Eigenschaften und huldige ihnen. Ich bin ein majestätisch schönes Wesen.

Fasan

Fasane sind die Fürsten des Vogelreiches. Königliches Blut verleiht Macht und Autorität – und diese strahlt die Fasanen-Energie aus. Es wird jedoch nicht in einer bombastischen Weise ausgedrückt. Die Art der Macht und Autorität die vom erleuchtenden Bewusstsein des Fasanen ausstrahlt ist die Macht und Fähigkeit, jeden Augenblick das Bewusstsein zu verändern, vielleicht von einer Dimension in eine andere hinüber zu gehen.

Du hast heute die Fasanenkarte gezogen, weil diese Energie von dir verlangt, von deinem aufsteigenden Prozess, in dem du dich gerade befindest, Notiz zu nehmen. Du verbindest dich jetzt mit deiner eigenen Macht und Autorität. Der Schattenaspekt deines Wesens wurde gezügelt. Er wird nicht länger dein Fortschreiten zu einer vollständigen Verbindung mit deiner eigenen Quelle der Macht unterminieren. Im Gegenteil: du ziehst erfolgreich Nutzen aus dem goldenen Schatten – jene schönen Aspekte deines Selbst, die du bisher nicht anerkannt oder richtig genutzt hast. Betrachte die glänzende Schönheit des majestätischen Fasanen und wisse, dass dieses gloriose Federkleid ein Spiegel dessen ist, was du wirklich bist. Das sind deine wahren Farben. Kann man so etwas außerordentlich Schönes nicht lieben?

Wenn der Fasan ein wiederkehrendes Symbol in deinem Leben ist, dann arbeitet das erleuchtende Bewusstsein des Fasans mit dir, um dir zu helfen, dich mit deiner eigenen Machtquelle zu verbünden und den Weg zum ganzen Aufstieg entlang zu gehen. Du kannst es auch absichtlich in deinen Prozess einladen und bewusst damit arbeiten, um dich über die Hürden zu erheben, die dir während des Prozesses begegnen. Es wird mächtige Momente der Einweihung geben, in denen dein Bewusstsein sich radikal auf höhere Ebenen der Wahrnehmung und Weisheit verschiebt. In diesem Falle hat das Fasanen-Bewusstsein die notwendige besondere Art dynamischer Energie, die dich den ganzen Weg zu einer neuen Bewusstheit begleitet.

Mächtige Kräfte arbeiten in dir, doch nun hast du ein gutes Gleichgewicht erlangt, so dass du einen Moment innehalten und eine Bestandsaufnahme machen kannst. Betrachte dich so, als ob du in einen Spiegel schauen würdest. Spüre den Adel, den du besitzt. Fühle die spirituelle Autorität, die du beherrschst. Wisse, dass deine Seele glänzende goldene Strahlen und schillernde Farben ausstrahlt. Bemerke die Liebe, die aus deinem Herzen strömt. Und schließlich liebe diese Person, die du siehst – denn das, was du siehst ist das wahre Selbst, und das ist Gott.

36 TRUTHAHN 36

Affirmation

Ich danke all den prächtigen Wesen und Menschen, die mir geholfen haben, diese Stelle zu erreichen. Ich schwelge in meiner Freude über diese Errungenschaft. Ich liebe mich selbst dafür, dass ich meinen eigenen Träumen gefolgt bin. Ich erlaube dem erleuchtenden Bewusstsein des Truthahns, mein Herz mit Dankbarkeit an die Großzügigkeit des Lebens zu überschütten.

36

Truthahn

Die Truthahn-Energie hilft uns, den Geist der Dankbarkeit auszudrücken. Truthähne und Truthennen sind „lächerlich“ aussehende Kreaturen, doch sie besitzen eine starke Herzenergie voller Liebe und guten Willens. Das erleuchtende Bewusstsein des Truthahns ist tatsächlich eine große Wesenheit, die in seinen Geschöpfen den Geist des offenherzigen Dienstes an der Menschheit verkörpert. Tod ist kein Thema für das Vogelreich. Der Geist des Truthahns drückt sich immer wieder durch die äußere Form und gleichzeitig unangestrengt ohne Form aus. Nicht der Tod ist das Problem. Wichtig ist, dass der Geist des Truthahns in diesem Prozess geehrt wird. Jene, die sich daran erinnern, dem Geist des Truthahns zu danken, wenn sie ihn verspeisen, werden nicht nur von seinem Körper genährt, sondern auch von seinem liebevollen Herzen.

Wenn du heute die Truthahn-Karte gezogen hast, dann ist das Erntedankfest für dich eine Danksagung an die Botschaft des Lebens. Du bist gerade auf einer neuen Stufe angekommen – tatsächlich oder bildhaft – und du solltest nun einen Augenblick innehalten und darüber nachdenken, wie viel Unterstützung dieses Leben dir bereits gegeben hat, um dahin zu gelangen, wo du jetzt stehst. Es wurde dir außerordentlich viel Hilfe und Führung zuteil. Es gibt so viele schöne Wesen und Menschen, die deine herzerfüllte Dankbarkeit verdienen. Alle haben dich sehr geliebt.

Und dann, danke deinem eigenen schönen Selbst. Ehre dich für deine Ausdauer und Verpflichtung an deine eigene Wahrheit. Erinnere dich an die vielen Schlachten, die du ausgefochten hast, um an diesen Platz zu gelangen. Du musst viel Vertrauen aufbringen, dem Lied deines Herzens zu folgen. Danke dir selbst für dieses Vertrauen ans Lebens, dem zu zugehört hast und nach deinem inneren Wissen zu handeln. Schritt für Schritt hat es dich an diese Stelle gebracht.

Menschen, für die der Truthahn eine besondere Bedeutung hat, opfern ihr Leben im Dienst einer größeren Sache. Ihre Freude ist es zu wissen, dass sie Teil einer Gemeinschaft sind, die in der Welt gehört wird, auch wenn sie dafür nicht individuell anerkannt werden.

Koste dieses befriedigende Gefühl aus, nun angekommen zu sein. Es gibt kein Ende darin, alle Möglichkeiten des Wachstums und der Erforschung des Geistes auszuschöpfen, deshalb wirst du natürlich nicht an dieser Stelle stehen bleiben. Doch im Moment, bist du gut gelandet!

Affirmation

Ich bitte um die Hilfe des erleuchtenden Bewusstseins des Zwergpapageien mein Herz aufzubrechen. Offenbare mir, was die liebevollste Handlung sein kann, die ich sofort ausführen sollte. Begleite mich, wenn ich den Schritt in die wahre Liebe mache. Ich verehre meinen Geliebten.

Zwergpapagei

Die Energie des süßen Zwergpapageis hat eine starke Wirkung auf das Herzchakra. Es besänftigt und öffnet das Herz, so dass mehr liebende Energie hindurchfließen kann. Das erleuchtende Bewusstsein des Zwergpapageis drückt die göttlich autorisierte Mission des Erzengels Michael auf diesem Planeten aus. Sie hält das Kraftfeld der Liebe aufrecht, so dass jede Kreatur und jedes Element auf der Erde sich aus der Schwere und Dichte der physischen Existenz in das Licht des Geistes erheben können. Zwergpapageien sind Teil der Matrix des Lebens, welches dieses Kraftfeld für uns aufrechterhält.

Du hast heute diese Karte gezogen, weil du eine Herzenseinweihung erfährst. Du explodierst in eine neue und machtvolle Äußerung der Liebe. Wenn sich dein Herz öffnet, kennst du deine Verbundenheit mit jeder Ebene der Existenz im Universum. Du kannst dich nie ganz einsam fühlen. Vielleicht erlebst du sogar die vollständige Einheit mit Gott. Dies ist ein großer Schritt in diese Richtung.

Wenn der Zwergpapagei dein bevorzugtes Symbol ist, dann ist Gott immer gegenwärtig in deinem Leben. Du hast bereits dem mächtigen Fluss der Liebesenergie durch dein Herz zugestimmt. Vielen Menschen ist diese Wirkung schon zugute gekommen, deshalb bist du auch ein vielgeliebter Mensch.

Die Energie des Zwergpapageis ist ein Ausdruck der wunderschönen, bedingungslosen Liebe, die zwischen Seelenverwandten vorkommen kann. Die Anziehung der Seelenpartner aufeinander ist extrem mächtig und kann viele augenscheinlichen kulturellen oder von Menschen gemachten Hindernisse überwinden – wie Alter, Religion, Rasse oder Geschlecht. Die Seele möchte zwei Teile von sich zusammenführen, und die zwei Menschen, die dabei beteiligt sind, fühlen eine ungeheure Sehnsucht, in dieser Vereinigung zu verschmelzen. Ein Teil dieser Herausforderung an eine Seelenpartnerschaft ist jedoch auch, den Geliebten so bedingungslos zu lieben, dass man wahrhaft nur das wünscht, was für ihn oder sie am besten ist – und manchmal ist die körperliche Vereinigung nicht das geeignete Mittel. Es ist das größte Geschenk, das man sich gegenseitig geben kann, einen Menschen so bedingungslos zu lieben, dass man unterscheiden kann, wenn es angemessen ist, den geliebten Menschen für sich allein zu verlangen oder wenn es angemessener ist, ihn loszulassen und sich zu entfernen.

Affirmation

Ich bitte das erleuchtende Bewusstsein des Phönix, mir dabei zu helfen, die Zerstörung der Strukturen, die mich zuvor gestützt haben, zu transzendieren. Helfe mir, die größere Freiheit zu erkennen, zu der ich mich hinbewege. Ich schreite freudig in mein neues Leben, wissend, dass ich nicht bedauere, was ich hinter mir lasse.

Phönix

Mit dem mythischen Phönix wird ein glänzendes Bewusstsein verbunden. Obwohl er nicht körperlich existiert, hat er auf vielen feineren Ebenen eine energetische Form, weil seine verfeinerte Energie dort mehr gebraucht wird.

Du hast heute die Phönixkarte gezogen, weil du es nötig hast, diese prachtvolle Seinsenergie zu nutzen, um selbst aus einer Schwierigkeit herauszukommen und sie zu einem persönlichen Sieg umzuwandeln. Es geschieht gerade etwas, das anscheinend einen Zusammenbruch deiner bekannten Strukturen bewirkt. Das ist eine Gelegenheit, deine eigenen Schätze zu heben und das offensichtliche Desaster in eine Situation zu bringen, welche dir erlaubt, das Schlamassel zu transzendieren. Die Phönix-Energie steht bereit, dir dabei zu helfen. Der Phönix erhebt sich aus der Asche der Zerstörung zu einem glorreichen Flug. Auch du kannst das.

Der Phönix ist ein sehr kraftvolles Symbol, wenn du ihn als bevorzugten Symbolvogel hast. Er besagt auch, dass du viel Erfahrung damit hast, frei aus den Ruinen alter Gebäude empor zu steigen. Du weißt in deinem Herzen, dass du jede augenscheinliche Limitation transzendieren kannst. Erlaube dir deshalb nicht, dich zu sehr an die äußere Form der Dinge anzuklammern.

Du musst einsehen, dass zurzeit etwas geschieht, das seine Form verändert. Du bist dafür durch die Phönixkarte geweckt worden. Erinnere dich, dass du als Seele unzerstörbar bist. Zerstörung und Zerfall sind einfach Täuschungen – die physische Form der Dinge verändert sich, doch der Geist hinter allen Dingen bleibt ewig bestehen. Du bist ein ewiges Wesen, du veränderst deine Form, doch deine wahre Essenz verändert sich nicht. Was wird zerbrochen, damit der Geist befreit werden kann? Wenn der Geist hinter der Form es für nötig ansieht, über seine gegenwärtigen Beschränkungen hinauszugehen, wird er Umstände schaffen, in der diese Formen zusammenbrechen und der Geist wird sich wieder triumphierend aus den alten Ruinen erheben, um eine neue Runde des Lebens zu beginnen. Das neue Leben bewegt sich immer näher zu Gott, es besteht immer mehr Freiheit und mehr Freude, wenn die Seele weiterzieht. Fürchte keine Veränderungen, deine Seele verlangt eine neue Form um sich durch sie auszudrücken und sie bewegt sich immer weiter dahin, wo die Liebe ist.

Affirmation

Ich danke dem erleuchtenden Bewusstsein des Kuckucks, dass er mich zum Start eines neuen Lebenszyklus aufgerufen hat. Ich grüße meine Zukunft mit aufgeregter Erwartung.

Kuckuck

Der Kuckuck ruft uns zu einem neuen Leben. Sein wunderschöner Weckruf echot im Frühling in den Alpen oder Wäldern und seine Stimme wird in vielen Teilen der Welt ebenso gehört. Wenn du die Kuckuckskarte gezogen hast, dann weißt du, dass dich ein neues Leben erwartet. Frühlingsstimmung ist in der Luft, so lasse die Vorfreude auf einen herrlichen Sommer Freude in deinem Herzen erwecken und dich mit leichtfüßigen Schritten wandern lassen. Es ist an der Zeit, einen neuen Zyklus zu beginnen. Lasse das Alte hinter dir, du schreitest nun in ein freudvolles Leben.

Wenn der Kuckuck dein bevorzugtes Symbol ist, dann bist du ein Mensch, der sich vieler guter Erfahrungen in seinem Leben bewusst ist. Du kannst vorhersehen, dass gute Dinge auf dich zukommen werden und dir selbst genehmigen, dich immer wieder zu erfrischen, indem du die Dinge anders angehst. Lasse es nicht zu, dass du zu lange in alten Mustern stecken bleibst. Der Drang zum Frühjahrsputz ist zu stark in dir!

Du hast heute die Kuckuckskarte gezogen, weil du die Hilfe des erleuchtenden Bewusstseins des Kuckucks brauchst, um mit neuem Schwung voll kreativer Energie aus ausgefahrenen Gleisen herauszuspringen. Wenn du dich auf diese Weise fühlst, hilft es oft, eine Grundreinigung deiner Wohnung durchzuführen. Wirf allen unnötigen Müll hinaus und frische deine Umgebung auf. Mache ebenso eine emotionale Reinigung, befreie dich von allen Feindschaften und aufgestauten Vorurteilen, indem du es zulässt, dass die Energie des Mitgefühls durch dein Herz fließen darf. Diese Öffnung befreit angestaute Energie, die nun kreativ in deinem neuen Leben genutzt werden kann.

Der Kuckuck ruft uns zu neuen Anfängen – schreite in deine Zukunft mit einer klaren Absicht und starken Erwartungen.

Affirmation
Ich bitte das erleuchtende Bewusstsein des Rohrsängers mein Gefährte in meiner gegenwärtigen Lage zu sein. Ich bitte Gott, mir zu zeigen, was ich tun muss, um die Blockierung meiner Kehle aufzuheben und ungehindert meine Wahrheit auszusprechen.

Rohrsänger

Der Rohrsänger singt ein frohes Lied mit wunderschöner Unbekümmertheit. Dabei gibt es kein Gefühl der Einschränkung. Der flüssige Klang schwillt aus seiner Kehle zu einem wundervollen Strom des expressiven Trillierens hervor. Das Geschenk des Rohrsängers ist eine Heilenergie, die man dafür nutzen kann, Probleme mit dem eigenen Ausdruck zu beheben. Menschen, denen es schwer fällt, anderen ihre Ideen richtig zu vermitteln oder die auf irgendeine Weise eine Blockade in ihrem Kehlchakra haben, können diese Energie mit großer Wirkung gebrauchen.

Du hast heute diese Karte gezogen, weil du Unterstützung für deinen Selbstausdruck und deine Selbstdarstellung brauchst. Es kann sein, dass du in einer Situation lebst, in der du damit kämpfst, deine Wahrheit zu sagen, so dass sie Gehör findet. Viele Menschen haben Angst davor, öffentlich oder vor Zuhörern zu sprechen. Es kann gut sein, dass du demnächst vor einer solchen Aufgabe stehst und Hilfe brauchst, um die tiefe Furcht, die in deinem Kehlchakra sitzt, aufzulösen. Vermutlich bist du eine Person, die nie für sich selbst spricht, wenn sie sich in einer unbequemen Lage befindet. Was auch immer dein individuelles Problem ist, das erleuchtende Bewusstsein des Rohrsängers kann angerufen werden, um dir zu helfen, deine Furcht zu überwinden und die Enge des Kehlchakras aufzubrechen.

Wenn der Rohrsänger umgekehrt dein besonderes Vogelsymbol ist, dann ist deine Befähigung zum Selbstausdruck deine größte Stärke. Du hast eine Meisterschaft darin erworben, die Aufmerksamkeit eines Publikums bei einem Vortrag zu fesseln und du hast kein Problem damit, deine Rechte einzufordern – sogar sehr bestimmt, wenn notwendig. Deine Stimme ist ein wunderbares Werkzeug, das du zu deinem Vorteil nutzen kannst. Die Energie des Rohrsängers kann in deinem Leben ohne Widerstand wirken.

Das Kehlkopfchakra, welches das Gebiet ist, durch das du deine Wahrheit aussprichst, sollte nach und nach in Übereinstimmung mit dem Herzchakra gebracht werden, so dass du deine Wahrheit mit Liebe verkünden kannst und nicht mit Arroganz oder Geringschätzung derjenigen, die du ansprichst. Wenn die Verbindung dieser beiden Chakras hergestellt wurde, können sie auch mit dem Kronenchakra (auch Scheitelchakra) in Gleichklang gebracht werden, so dass du beim Sprechen die Wahrheit des wahren Selbst ausdrückst, das eins mit Gott ist. Der Rohrsänger gießt reine Liebe aus, den reinen Geist, und sein erleuchtendes Bewusstsein kann zur Hilfe gerufen werden, um so Herz-, Kehl- und Kronenchakra in vollständige Übereinstimmung mit Gott zu bringen.

Affirmation

Ich lade das erleuchtende Bewusstsein des Blauracken dazu ein, mit daran zu erinnern, wer ich wirklich bin!

Blauracke

Blauracken sind verkörperte Wesen eines erleuchtenden Bewusstseins, das mit den höchsten spirituellen Dimensionen in Einklang ist. Sie sind exquisite kleine farbenfrohe Vögel, die ein schillerndes Gefieder in Türkis, Grün und Blau in verschiedenen Kombinationen tragen. Diese hochfrequenten Farben reflektieren ihre Resonanz mit den äußerst subtilen Dimensionen des Bewusstseins.

Das Geschenk des Blauracken-Bewusstseins ist die Gabe, uns in die bewusste Wieder-Erkennung der einfachen Wahrheit unserer Existenz zu erheben, dass wir und Gott immer eine Einheit sind. Es ist eine selbst erfundene Täuschung zu denken, wir seien abgetrennt und würden uns hin zu Gott bewegen. In Wahrheit waren wir nirgendwo anders als in Gott. Gott lebt in jedem Atemzug, in jedem Stück Nahrung und in jedem Atom und Molekül jeder Zelle unseres Körpers. Wir können nicht von Gott getrennt sein, denn wir sind Gott in unserer Verkörperung und in unseren Seelen. Das Spiel des Lebens besteht darin, sich daran zu erinnern. Wir kämpfen und beten und weinen wegen unserer Sünden und denken, dass Gott uns möglicherweise nicht liebt – und diese Gefühle sind sehr real und sehr schmerzhaft, wenn wir sie erleben. Doch dann gibt es Augenblicke, wenn ein innerer Ruck geschieht und uns plötzlich klar wir, das wir einmal eine andere Wahrheit kannten.

Dies ist das Geschenk des erleuchtenden Bewusstseins der Blauracke, uns daran zu erinnern. Es gibt immer einen richtigen Zeitpunkt für diese innere Wendung und sie kommt meistens dann, wenn wir sie überhaupt nicht erwarten. Wenn du heute diese Karte gezogen hast, dann soll sie dich dafür erwecken, dass du und Gott dabei seid, wieder miteinander bekannt zu werden!

Wenn dieser Vogel bereits dein Lieblingsvogel war, dann weißt du diese Tatsache bereits. Du bist dann wie ein Leuchtturm in der Dunkelheit für jene, die ihren Weg verloren haben – ohne ein Wort zu sagen, schaltet die Tatsache, dass du dich erinnert hast, bereits das Licht in ihren Seelen an, das sie zur Wahrheit der Einheit mit Gott führen wird.

Affirmation

Ich lade das erleuchtende Bewusstsein der Goldammer ein, mein Begleiter in diesen schwierigen Tagen zu sein, mir die innere Stärke und den Mut zu geben, dass ich weiterkomme. Ich weiß, dass ich die inneren Quellen dafür besitze, das zu tun, was nötig ist und dass Gott mich auf meiner Reise begleitet.

Goldammer

Die Goldammer ist eine fröhliche Sängerin, bei der das Gelb in ihrem Federkleid überwiegt. Diese goldene Farbe gibt uns den Hinweis auf die Energie, die uns das Bewusstsein dieses Vogels zur Verfügung stellt. Wie der gelbe Kanarienvogel, gibt uns die Goldammer eine Mitreisegelegenheit – ein Ausbruch des Sonnenscheins und fröhlicher Klänge, die uns aus unserem Trübsinn zurück in die Harmonie mit dem Leben erheben können.

Wenn du heute diese Karte gezogen hast, dann bist du tief in deiner Seele müde und depressiv. Du trägst diese Last schon lange mit dir herum und deine Seele sehnt sich nach Erleichterung. Die Energie der Goldammer ist genau das, was du brauchst, um dieses Gefühl der Unfähigkeit zu heilen und einen Schritt heraus zu wagen. Nutze es bewusst – bitte das erleuchtende Bewusstsein der Goldammer dich zu begleiten, dich zu nähren, während du schläfst und dein Gefährte in den kommenden Tagen zu sein. Es ist ein wunderbar energetisierender Gefährte. Du wirst gerne diese weitere Meile gehen wollen.

Wenn Goldammern bereits dein bevorzugtes Vogelsymbol waren, dann bist du ein gutes Beruhigungsmittel für die Menschen in deiner Umgebung. Sei dir bewusst, dass allein deine Präsenz ein machtvoller Antrieb für jemanden sein kann, der sich schlecht fühlt. Du musst für diesen Menschen da sein, nicht unbedingt körperlich – auch das Telefon kann dabei ein wunderbarer Überträger der Energie zwischen zwei Menschen sein. Unterschätze nicht, welchen Unterschied es für einen anderen machen kann, wenn diese Energieverbindung im rechten Moment stattfindet.

Wir alle brauchen die Sonne. Gelb ist die Sonnenenergie und es ist auch die Farbe, die sehr wirksam dabei sein kann, Verzweiflungen oder Depressionen zu heilen. Atme sie ein und stelle dir vor, dass dein Körper sich langsam damit erfüllt und vollständig mit Gelb durchtränkt ist. Halte die Farbe in deinem Körper bis du dich schließlich im Gleichgewicht fühlst. An diesem Punkt lade das erleuchtende Bewusstsein der Goldammer dazu ein, dich auf deiner weiteren Reise zu unterstützen.

Affirmation

Ich lade das erleuchtende Bewusstsein des Webervogels zum Gefährten bei der Suche nach meiner wahren Heimat ein.

Webervogel

Die Energie des Webervogels gibt dem Impuls, den wir alle haben, ein Heim für uns selbst zu schaffen, eine Form. Das erleuchtende Bewusstsein des Webervogels kann eine wirklich praktische Mithilfe anbieten, wenn sie während des Prozesses angerufen wird, sich ein eigenes Heim zu schaffen.

Du bist heute zur Webervogel-Karte hingezogen worden, weil du – was auch immer das für dich individuell bedeutet – deine Heimatbasis nach Aufmerksamkeit ruft. Weißt du, wo „Heim" ist? Ist es eine Wohnung oder ein Rastplatz in deiner Seele? Es kann beides sein – viele Menschen haben einen leichteren Zugang zum inneren Ruheplatz durch einen eigenen, persönlichen Raum, ihre Wohnung oder ein Haus. Hast du Schwierigkeiten damit, dieses Gefühl des Nachhausekommens in dir selbst zu finden? Die Tatsache, dass du diese Karte gezogen hast, legt nahe, dass es so ist. Du hast vielleicht Schwierigkeiten auf einer praktischen, physischen Ebene, ein Heim zu erschaffen, doch das ist sehr wahrscheinlich ein Spiegel dafür, dass du noch keinen bequemen Platz in deiner inneren Welt gefunden hast. Genau hierbei kann der Webervogel helfen – auf der physischen Ebene genauso gut wie auf der seelischen, denn er kann dir dabei helfen, einen Sinn für die Lebensheimat zu etablieren.

Der Webervogel baut sein Heim innerhalb einer Gemeinschaft. Jeder ist Teil einer Gemeinschaft. Als du erschaffen wurdest, wurdest du als eine individuelle Seele innerhalb einer Seelenfamilie erschaffen. Dies sind deine wahre Familie und deine eigene persönliche Gemeinschaft. Die Verbindung mit deiner eigenen Familie ist vielleicht nicht auf der äußeren physischen Ebene möglich – sie kann irgendwo auf diesem Planeten verstreut oder nicht mehr verkörpert sein. Daher ist die letztlich wichtigste Gemeinschaft etwas, das du auf einer inneren Ebene verweben kannst. Das ist auch Teil dessen, was mit dem „Nachhausekommen" gemeint ist. Du wirst geliebt und durch deine eigene Familie erkannt und irgendwo auf deiner eigenen spirituellen Reise wirst du sie finden, sei es auf einer äußeren oder inneren Ebene. Das erleuchtende Bewusstsein des Webervogels kann darum gebeten werden, dein persönlicher Assistent im Prozess des Nachhausekommens in deine eigene Seelengemeinschaft zu sein. Das ist ein großer Schritt auf der Reise zur wahrhaften Erkenntnis dessen, wer du bist.

Affirmation

Ich bitte das erleuchtende Bewusstsein des Rebhuhns mit zu helfen, die Liebe Gottes in meine Seele einzulassen.

Rebhuhn

Rebhühner, Perlhühner, Frankoline und andere Bodenvögel tragen eine sehr ähnliche Energie mit derselben Botschaft mit sich. Sie laden uns in die bescheidene Legion von Gottes Geschöpfen ein, die wissen, dass sie trotz ihrer Unfähigkeit, sehr weit vom Grund hoch fliegen zu können, sie wirklich geliebt werden.

Du hast heute die Rebhuhn-Karte gezogen, um dich daran zu erinnern, dass nur menschliche Wesen sich selbst so ernst nehmen, dass sie sich unfähig fühlen, sich der Liebe Gottes würdig zu erweisen. Jede andere lebende Kreatur erlaubt es sich einfach, in der Wärme von Gottes liebevoller Umarmung zu schwelgen, doch als menschliches Wesen lässt du nicht zu, dass diese liebevolle Umarmung natürlicherweise durch deinen Körper und deine Seele fließt. Du blockierst den Fluss aufgrund einer Myriade von verschiedenen Schuldgefühlen und Selbstverurteilungen. Die Rebhuhn-Karte ist eine Einladung dafür, dass du lernst, den Fluss der Liebe Gottes gerne anzunehmen und dein schmerzendes Herz zu heilen. Nur du kannst diese Entscheidung treffen.

Gott ist bereit, sofort zu vergeben – doch du musst den Anfang dazu machen. Dies ist eine der schwierigsten Aufgaben für menschliche Wesen – zu akzeptieren, dass das, was du als deine persönliche schreckliche Sünde und Schande ansiehst, nie zu groß ist, um nicht Gottes Vergebung zu erhalten – aber nur dann, wenn du dir selbst vergibst. Manchmal ist die Vergebung bei einem anderen der Schlüssel zur Fähigkeit, sich selbst zu vergeben. Das ist auch der Grund dafür, dass wir häufig in unserem Leben Menschen anziehen, die genau diese geheimen Schuldgefühle reflektieren. Wir hassen diese Menschen dafür, weil wir nicht wahrhaben wollen, dass unsere eigenen, dunkleren Aspekte in ihren sichtbaren Handlungen vorhanden sind. Der Schlüssel ist Vergebung, denn wenn du einmal einem anderen Menschen Mitgefühl und Akzeptanz gewährt hast, dann bist du fähiger, dir selbst zu vergeben.

Wenn du bereits das Rebhuhn-Symbol als bevorzugtes Motiv gewählt hast, dann bist du schon eine dieser demutsvollen Kreaturen, die wissen, dass sie wirklich geliebt werden, trotz ihrer Ungeschicklichkeiten und scheinbarem Mangel an Eleganz. Du kannst anderen dabei helfen, mehr Selbstwertgefühl zu erlangen, weil du eine unegoistische Selbstliebe in dir besitzt. Das erleuchtende Bewusstsein des Rebhuhns ist immer verfügbar, um all jenen zu helfen, die mit dem Mangel an Selbstwertgefühl kämpfen. Bitte, und du wirst in Gottes immer gegenwärtiger Liebe mitschwingen.

45 BACHSTELZE 45

Affirmation

Ich lade das erleuchtende Bewusstsein der Bachstelze dazu ein, in meinem Leben anwesend zu sein. Mir ist klar, dass ich fröhlicher werden muss.

Bachstelze

Bachstelzen bringen Aufmunterung oder Aufheiterung in jede Lage. Die kleine Bachstelze mit ihrem hüpfenden Schwanzflügel hebt sofort die Stimmung in jeder Umgebung – man muss einfach über diese kleine muntere Kreatur lächeln.

Wenn eine Bachstelze für einen Augenblick in dein Leben hüpft, halte sofort mit deiner Arbeit inne und konzentriere dich auf seine Energie. Wenn du dieser Energie erlaubst über dich hinweg zu wallen, wirst du gleich ein neues Hochgefühl erfahren. Genau das offeriert die Energie der Bachstelzen-Karte – sie kommt in dein Leben, um dir eine Mitreisegelegenheit zu geben. Du steckst vielleicht in einer Krise oder fühlst dich einfach niedergeschlagen – dann ist diese Energie genau richtig für dich. Du musst einfach nach draußen schauen und dem Leben gestattet, dir einen Schubs zu geben. Dann kannst du in deine Situation mit frischer Vitalität und einer neuen Perspektive zurückkehren.

Wenn du bereits die Bachstelze als deinen Favoriten ansiehst, dann bist du selbst eines dieser talentierten menschlichen Wesen, die auf ganz natürliche Weise jede Lebenslage allein durch deine Gegenwart in eine gute Stimmung heben können. Dies ist ein wunderbares Merkmal, das von den melancholischeren Zeitgenossen immer geschätzt wird.

Die erleuchtende Präsenz der Bachstelze ist eine wirkliche Quelle des Hochgefühls, das du in diesem Moment in dich aufnehmen kannst. Du brauchst diese Energie – deshalb hast du diese Karte ausgewählt. So nimm dir etwas Zeit um das erleuchtende Bewusstsein der Bachstelze zu bitten, dir den Auftrieb zu geben, den du benötigst, mit der gegenwärtigen Lage umzugehen – du wirst immer eine positive Reaktion erhalten.

Affirmation
Ich bitte das erleuchtende Bewusstsein des Raben mir Gottes Absichten für mich zu zeigen. Ich weiß, dass jede Veränderung, die geschehen wird, ein Weg der Liebe ist, der mich näher an die ultimative Ehe heranführt – zwischen dem Selbst und Gott.

Rabe

Raben vermitteln die Botschaft der Veränderung und Transformation. Dies kann manchmal ein Tod bedeuten, doch so wie bei der Eule bedeutet Tod in diesem Falle nicht unbedingt ein körperlicher Abschied, sondern eher das Ende einer Lebensstrecke und den Anfang einer neuen. Raben sind nicht die Botschafter von etwas Unheimlichem – sie sind mächtige Boten von Gottes heiligem Wort.

Wenn du die Rabenkarte jetzt gezogen hast, übermittelt dir Gott eine machtvolle Botschaft. Die Essenz dieser Mitteilung ist: „Geliebtes, ich grüße dich als mein Kind. Ich möchte, dass du mich jetzt erkennst. Ich ziehe deshalb alle Schleier beiseite, damit du die Möglichkeit hast, deine Illusion der Trennung von mir abzulegen und mein Gesicht zu sehen. Ich bin Liebe. Ich komme zu dir."

Wenn der Rabe schon immer ein mächtiger Vogel in deinem Leben war, dann bist du wahrscheinlich ein Instrument für das Wort Gottes. Vielleicht bist du auch fähig, die Botschaft der Liebe jenen zu vermitteln, nach denen Gott ruft.

Affirmation
Ich danke Gott für die Segnungen, die mir heute zuteil werden. Ich bereite mich darauf vor, alle davon anzunehmen. Es gibt keine Beschränkung für die Zahl dieser Wohltaten, für die ich mich öffne, um mich daran zu erfreuen.

Tölpel

Der Tölpel ist ein Meeresvogel wie der Kormoran, und in der niederländischen Sprache (in der er „Jan-van-Gent" heißt) wird er mit Gier in Zusammenhang gebracht, das ist auch der Begriff für eine gierige Person. Das erleuchtende Bewusstsein des Tölpels ist tatsächlich eine sehr machtvolle Präsenz, die gerufen werden kann, wenn man in seinem Leben etwas vervielfältigen will, sei es Geld, Liebe, Jobangebote – was auch immer du brauchst, um dich zu erweitern. Die Energie des Tölpels kann dir dazu verhelfen.

Du hast heute diese Karte gezogen, weil dir das Leben – bewusst oder unbewusst – dir eine Gelegenheit bietet, etwas auszudehnen. Was denkst du, was du im Moment mehr als alles andere brauchst? Denke für eine Weile darüber nach. Dann bitte das erleuchtende Bewusstsein des Tölpels mit dir zu arbeiten. Visualisiere im Detail, wofür du bitten möchtest und behalte das mentale Bild davon sehr klar in deinem Geist so lange du kannst. Führe diese Übung immer dann aus, wenn du während des Tages Zeit dafür hast. Fürchte dich nicht, das zu fordern, was du brauchst oder haben willst. Wie so häufig ist unser Gefühl, einer bestimmten Sache nicht würdig zu sein, das den Fluss der Fülle für uns blockiert. Wisse, dass du es verdienst und befehle dem Leben, es dir zu geben!

Wenn du bereits eine besondere Beziehung zu diesem mächtigen Symbol hast, dann hast du das Potenzial, den positiven Ausdruck dieser Vogelenergie dafür zu nutzen, reichliche Mengen von all dem hervorzubringen, was für dein Leben wichtig ist. Nutze diese mächtigen verstärkenden Qualitäten dieses Vogels mit Unterscheidungsvermögen!

Du hast heute den Tölpel gewählt, weil im Moment ein Fluss wohltätiger universaler Energie in deine Richtung fließt. Du kannst dich dafür entscheiden, dass diese mehr zu deinem Vorteil arbeitet oder du kannst diesen Segen blockieren, wenn du nicht bereit bist, ihn zu empfangen und anzunehmen. Dein Selbst möchte, dass du alles besitzt, was das Universum dir geben kann. Kannst du es zulassen, dass du die Größe hast, das ganze Leben zu empfangen?

Affirmation
Ich bitte das erleuchtende Bewusstsein des Neuntöters anwesend zu sein, wenn ich eine bestimmte Situation aufbreche, um sie auf eine höhere Stufe des Lebens zu bringen. Ich bitte Gott, den Prozess zu einer harmonischen Lösung zu führen.

48

Neuntöter

Die Energie des Neuntöters ist grausam und gefürchtet. Der „Rotrückenwürger", wie er auch heißt, spießt seine Beutetiere – Käfer, Insekten, aber auch Eidechsen, Frösche und junge Mäuse – auf die Stacheln von Weiden und Schlehen. Das beschreibt genau, was diese Energie ausdrückt.[2]

Du hast heute die Neuntöter-Karte gezogen um eine Antwort auf deine Frage zu erhalten, weil du diese Energie benötigst, um absolut kaltschnäuzig und erbarmungslos in irgendeinem Lebensumstand zu sein. Manchmal ist die Neuntöter-Energie notwendig, um etwas zu erreichen oder jemanden abzuwürgen, der einen Prozess aufhält, der weitergebracht werden soll. In diesem Fall benötigst du Klarheit und Absicht und ein absolutes Vertrauen in deine eigenen Fähigkeiten, das Gute zu erschaffen. Du kannst diese Energie mit der inneren Bewusstheit nutzen, dass nur das, welches das Beste für alle Beteiligten hervorbringt, sich als Ergebnis zeigen wird.

Die Neuntöter-Energie manifestiert sich häufig als Zorn. Du kannst Zorn dafür nutzen, einen Stillstand aufzuheben, doch es muss eine gerechtfertigte Wut sein. Sie muss aus deiner persönlichen Wahrheit kommen – gebrauche deinen Zorn nicht dafür, jemanden zu blamieren oder ihn herabzusetzen. Wenn du deinen Zorn als ein Schwert benutzt, der den ganzen Wortschwall, der die wirkliche Sache, um die es geht, verstellt, dann kannst du die Energie des Neuntöters auf eine sehr heilsame und konstruktive Weise nutzen. Es ist leicht in einer Emotion wie Zorn oder Wut aufzugehen – doch dann verlierst du ihr Potenzial dafür, eine Situation auf eine höhere Ebene zu heben. Wenn du nach dem erleuchtenden Bewusstsein des Neuntöters rufst, mit dir zu sein, wenn du zuschlägst, wirst du merken, dass der Stoß mit dem Schwert des Zorns wunderbar effektiv ist und dass du dich selbst von den Turbulenzen, die diese Wut in dir hervorruft, distanzieren kannst.

Wenn der Neuntöter schon immer dein persönliches Vogelsymbol war, dann hast du eine mächtige Kraft in dir. Verbinde dich immer mit deiner höchsten Qualität, wenn du diese Art von Energie benutzt, sonst hat sie das Potenzial, eine zerstörende Wirkung zu verursachen. Stehe zu deiner eigenen Wahrheit, verbünde dich mit Gott und dann kannst du alte Formen mit einem wunderbar erleuchtenden Effekt zerschlagen.

---

2 Anmerkung des Übersetzers: Die Forschung ist inzwischen zu dem Ergebnis gelangt, dass der Vogel das Essen nicht beliebig in sich hineinstopfen und nicht weiter fressen kann, bevor unverdauliche Reste wieder ausgeschieden sind. Er kann aber auch nicht davon ablassen, solange nicht zu picken…

Affirmation

Ich lade das erleuchtende Bewusstsein des Zaunkönigs ein, mir bei der Arbeit zu helfen, das altmodische Denken aus meinen Körperzellen zu entfernen. Ich entscheide mich jetzt dazu, an die Freude zu glauben, an Wohlstand, Glück und Liebe, die ich gerne annehmen darf, und dass sich alles immer für mich perfekt auswirkt.

Zaunkönig

Der Zaunkönig ist ein sehr kleiner Vogel. Er ruft eine zärtliche Reaktion bei allen Betrachtern hervor – seine Präsenz ist ein Vergnügen und erhebt das Herz, ganz ähnlich wie das Rotkehlchen. Seine Energie allerdings ist etwas anders gelagert. Sie bietet die Möglichkeit über den dreidimensionalen Kampf mit Schmerz und Leiden hinauszufliegen in eine höherdimensionale Version der Realität, in der die Möglichkeit besteht, dass alle unsere Unternehmungen einen guten Ausgang haben. Dort gibt es vollkommenen Frieden, dauerndes Glück und bedingungslose Liebe. Der kleine Zaunkönig trägt diese Schwingung in sich und wenn du das erleuchtende Bewusstsein dieses Vogels dazu einlädst, mit dir in deinem Leben zu arbeiten, wirst du einen Weg gezeigt bekommen, der dich über das Gefühl der endlosen Sisyphus-Mühsal erhebt, so dass du die Freude spüren kannst, die hinter den augenscheinlichen Fassaden von Tod und Zerfall liegt.

Du hast heute diese Karte gezogen, weil sie dir ins Bewusstsein bringen will, dass du die Erwartungen an dein Leben ändern musst. Du schleppst den Glauben mit dir herum, der dir suggeriert, dass das Leben schwierig sein muss. Du meinst, dass die Möglichkeit, Dinge würden sich für dich glücklich lösen, sehr schwach ist – du denkst vielmehr, dass alles schief läuft. Kannst du nicht erkennen, dass bevor du diese tief verwurzelte Haltung bewusst verändert hast, genau dies passieren wird? Jeder Mensch sollte selbst aus dieser Massenhypnose aussteigen und selbst erkennen, dass die direkte Verbindung zwischen Glauben und Wirklichkeit sich auch im Leben zeigt. Wenn du einmal diese gegenseitige Verstärkung von Vorurteilen erkannt hast sowie deine Verantwortung, einen anderen Weg einzuschlagen, werden sich die Dinge unermesslich für dich verändern. Nehme deine Gedanken und tiefen unterbewussten Glaubensannahmen unter bewusste Kontrolle. Unterdrücke alle negativen Behauptungen so wie sie aufkommen – begegne ihnen mit positiven Bejahungen. Nutze Meditationsangebote, um zu lernen, mit deinem inneren Wesen in Kontakt zu kommen, und auch zu lernen, dich mit neuen Möglichkeiten zu programmieren. Es gibt eine Realität da draußen, die auf die absolute Sicherheit anspricht, dass nur erfreuliche Ergebnisse in deinem Leben vorkommen werden. Wenn du einmal daran glaubst, wird es zu deiner Wirklichkeit werden. Ist es dies nicht wert, einen Versuch zu wagen?

Das erleuchtende Bewusstsein des Zaunkönigs ist ein Erinnerungsfaktor für diese Möglichkeit erfreulicher Ergebnisse. Es trägt diese absolute Zuversicht in seiner kleinen Vogelform. Wenn du dich mit seinem Bewusstsein in Einklang bringst, wird er dir von enormer Hilfe sein, dich zur festen Zuversicht zu führen, dann nur gute Ergebnisse von jetzt an für dich möglich sind.

Affirmation

Ich sehe mein Straußen-Selbst und sehe das Licht, das es umgibt. Ich bitte das erleuchtende Bewusstsein des Straußes mir zu helfen, meine Vision zu erweitern über die Gegensätze hinaus, um wahrhaftig zu erkennen, dass in jeder meiner Körperzellen *es nur das Licht gibt.*

Strauß

Der Strauß ist bekannt dafür, dass er seinen Kopf in den Sand steckt, damit er die Wirklichkeit um sich herum nicht wahrnehmen muss. Der Strauß ist auch bekannt für die Tatsache, dass er nicht fliegen kann. Die erleuchtende Energie des Straußes ist für jene Menschen vorhanden, die den Schutz ihres eigenen, bequemen Gefängnisses brauchen und die nicht wissen wollen, dass es draußen einen blauen Himmel und farbenfrohes Licht außerhalb ihrer Gefängniszellen gibt. Bevor du nun lachend dich aus dieser Kategorie ausschließt, frage dich vorher: „Glaubst du, dass es nur Licht gibt?" Die Antwort wird dich, wenn du ehrlich bist, überraschen. In Wahrheit *gibt es nur Licht!* Du bist das Licht, und so ist es auch alles andere. Es gibt kein Teilchen oder Subteilchen oder Mikroteilchen eines Atoms, das kein Licht ist. Das Licht Gottes ist überall. Dunkelheit ist die offensichtliche Abwesenheit von Licht – doch wenn jedes einzelne Teilchen in dieser Dunkelheit ebenfalls Gott ist, wie kann es kein Licht sein? So, du siehst nun, *es gibt nur Licht!*
Wenn du die Strauß-Karte heute gewählt hast, dann wirst du herausgefordert, ernsthaft über diese Behauptung nachzudenken. Der Strauß steckt seinen Kopf in den Sand und ist nicht bereit, die offensichtlichen Fakten anschauen, dass der Sand tatsächlich nicht die Realität ist, die er bedeckt. *Licht ist.* Bitte nehme für einen Moment deinen Kopf aus dem Sand und sehe dich um. Es gibt eine viel aufregendere Umgebung zu erfahren als nur Sand. Du beschränkst deine Wahrnehmung – bitte lasse dir deine Sicht öffnen!
Wenn der Strauß schon immer dein persönliches Vogelsymbol ist, dann bedeutet das nicht unbedingt, dass du eine unmögliche Person mit Tunnelblick bist. Es könnte auch bedeuten, dass du tief in deinem Inneren an der Lektion arbeitest, die dir die Strauß-Energie vorgibt. Seine Lehre ist, jenseits der Gegensätze zu gelangen – jenseits von Licht und Dunkelheit – und bis in jede deiner Körperzellen zu erkennen, dass jenseits dieser Gegensätze es in Wahrheit nur einen Gott gibt – Licht – in dem wir die Lösung für die Paradoxien aller Gegensätze finden. In dieser Lösung sind Glückseligkeit, Freude, Liebe. Zu wissen, dass es nur Licht gibt, bedeutet letztlich auch die Befreiung von der Notwendigkeit, die Dunkelheit zu kennen.

Affirmation

Ich bin bereit, meine schlimmsten Ängste aufzudecken. Ich bitte das erleuchtende Bewusstsein der Nachtschwalbe mir zu helfen, sie in mein Bewusstsein hervorzuholen und ich werde sie meistern.

Nichts kann mich nun zurückhalten, die Großartigkeit, die ich bin, sich wirklich durch mich zu manifestieren. Ich rufe die Nachtschwalbe und tanze im Licht.

Nachtschwalbe

Die Nachtschwalben-Energie kommt aus der Dunkelheit. Im Licht des Tages können unsere Ängste und Befürchtungen leichter ignoriert oder unterdrückt werden, doch in der Nacht, in der Dunkelheit, kommen sie hervor und konfrontieren uns. Manchmal sind sie sehr groß und monströs und halten uns wach. Das erleuchtende Bewusstsein der Nachtschwalbe wirkt daran, unsere tiefsten Ängste in unser Bewusstsein zu heben, so dass es uns möglich ist, ihnen ins Gesicht zu sehen und sie zu beherrschen.

Du hast heute diese Karte gezogen, weil eine tiefe Furcht in dir hochsteigen will. Du wirst wahrscheinlich schon damit zu tun haben. Die Karte deutet an, dass du Hilfe brauchst. Du brauchst vielleicht tatsächlich eine Therapie – und darin liegt wirklich keine Schande – oder zumindest eine verstehende Person, der du deine Ängste mitteilen kannst. Werfe dir nicht deine Unfähigkeit vor, die Angst wegzurationalisieren. Eine große Furcht wie diese kann nicht durch bewusste Rationalität bearbeitet werden. Sie ist jetzt einfach zu groß.

Der erste Schritt ist, sie zu benennen. Finde die genaue Beschreibung der Angst. Wiederhole ihren Namen und versuche zu erspüren, wo sie in deinem Körper steckt. Wenn du ihr einen Namen gibst, fühlst du vielleicht, wie die Stelle in deinem Körper sich zu einer anderen hinbewegt und sie so leicht verändert. Setze diesen Prozess fort – benenne die Angst und folge ihr in deinem Körper – bis du die Stelle gefunden hast, wo die Energie sich natürlicherweise beruhigt. Du musst dies wahrscheinlich mehrmals machen, doch jedes Mal fühlst du immer etwas stärker, dass *du selbst* nicht diese Furcht oder Angst bist. Die Angst ist etwas, das dich im Griff hat, doch du bist tatsächlich außerhalb dieser Angst und versuchst sie zu benennen. Du wirst der Meister werden, die Angst zu beobachten, wie sie ihren Weg durch dich bahnt.

Der zweite Schritt ist, das Schlüsselerlebnis herauszufinden, das diese Angst ausgelöst hat. Du brauchst wahrscheinlich professionelle Hilfe dafür. Es gibt heute wunderbare Therapieformen, die dir helfen können, dieses Schlüsselerlebnis aufzudecken und dessen Energie aus deinen Körperzellen zu eliminieren, so dass du es nicht mehr in deiner Wirklichkeit herumtragen musst.

Die Nachtschwalbe ist ein Katalysator dafür, deine tiefen Ängste ins Bewusstsein zu bringen. Wenn du dich bereits in einem beschützenden Rahmen einer Therapie befindest und Zuversicht in deine Stärke hast, der Angst ins Auge zu blicken und sie zu meistern, dann bitte das erleuchtende Bewusstsein der Nachtschwalbe dir zu helfen, sie an die Oberfläche zu bringen, um sie loslassen zu können. Es wird deinen Prozess beschleunigen und die vollständige Reinigung erleichtern.

Affirmation

Ich muss weiterkommen mit ...... Ich rufe das erleuchtende Bewusstsein des Spechts an meine Seite bis ich mein Ziel erreicht habe. Ich bitte das göttliche Selbst außerdem, mir zu offenbaren, ob dieses Ziel am besten meinen höchsten Ansprüchen genügt – und wenn nicht, dann zeige mir ein besseres Ziel.

Specht

Der Specht trägt eine sehr solide Schwingung. Mit anderen Worten, seine Energie ist in der Lage, eine ganz kräftige Wirkung auf die Materie zu haben. Die Fähigkeit des Spechts ist es, geduldig in das Holz eines Baumes zu picken, bis er ein Loch für ein Nest gemacht hat. Das ist ein Bild dafür, wie stark seine Energie ist.

Du hast die Specht-Karte heute als Antwort auf eine Frage gezogen, weil du eine Energie benötigst, die beharrlich und unablässig mit dir für ein gewünschtes Ziel arbeitet. Was versuchst du in deinem Leben zur Zeit zu erreichen? Versuchst du ein gewünschtes Ergebnis mit aller Macht durchzudrücken? Alles was deine Konzentration benötigt, deine Willenskraft und deine Hingabe können es besser gemeinsam mit dem erleuchtenden Bewusstsein des Spechts. Mit ziemlicher Sicherheit hilft dir diese Energie, auf Kurs zu bleiben. Der Kamm auf dem Kopf einiger Spechte ist ein Hinweis darauf, dass der Specht dir auch dabei hilft, dich mit dem Willen deines Selbst zu verbünden – so dass du das, was du erreichst, ein Ausdruck deines göttlichen Wesens ist.

Wenn der Specht bereits dein favorisiertes Vogelsymbol ist, dann bist du ein hingebungsvoller harter Arbeiter, der wahrscheinlich in der physischen Welt schon einiges geschaffen hat. Du hast eine wundervolle Qualität, die sogar noch machtvoller ist, wenn die Energie dazu genutzt wird, den göttlichen Willen zu verkörpern.

Wie mit allem im Leben erreichst du dein Ziel leichter, wenn du deine Absicht von Anfang an sehr klar machst. Bitte das erleuchtende Bewusstsein des Spechts zu dir zu kommen und spreche dann ganz deutlich und detailliert aus, was du am Ende des Prozesses erreicht haben willst. Danke diesem für die Hilfe und gehe voran.

Affirmation
Ich bin der Champion der Welt! Ich bitte das erleuchtende Bewusstsein des Hahns mir an diesem Tag mein Triumphgeschrei auszustoßen.

Hahn

Die Hahnen-Energie drückt das großspurigste, triumphierendste Krähen von jemandem aus, der sich als Herr des Universums fühlt! Der Hahn weiß, dass er der König der Welt ist, und weckt jeden auf, um ihm dies mitzuteilen. Die Hahnen-Energie ist definitiv nicht subtil, doch ist sie auch nicht selbstironisch. Der Hahn möchte jeden wissen lassen, dass er der großartigste Vogel in der Geschichte der Welt ist!

Du hast die heute die Hahnen-Karte gezogen, weil du das Bedürfnis hast, mit triumphierender Freude zu krähen. Genehmige dir einen Augenblick der reinen, unverfälschten Freude. Du hast einen Berg bestiegen und bist der Burgkönig. Verpasse die Gelegenheit nicht, ein wenig deinem Hahnengeschrei zu frönen. Die Welt kann mit ein wenig reiner, überschäumender Freuden-Energie gut auskommen. Es tut dem Herzensgefühl gut.

Die Henne andererseits ist eine beschränktere Kreatur im Gegensatz zu ihrem Partner. Die Hennen-Energie ist nachgiebiger. Sie ist der positive Aspekt dieser Energie, welche die arme Henne unter schrecklicher Vergewaltigung in kommerziellen Hühnerfarmen überleben lässt. Sie ist in der Lage, mit allem zurechtzukommen, was das Leben ihr aufhalst.

Die meisten von uns sind eher in dieser Hühnerhaltung. Wir lassen uns alle möglichen unwürdigen Verhältnisse zumuten und freudlos beschränkte Wirklichkeiten. Wir brauchen diese geduldige, nicht klagende Energie, um unsere täglichen vorgegebenen Routinen durchzustehen. Doch immer wieder geschieht etwas, das es uns ermöglicht, aus dieser Mühle auszubrechen und den reinen, unbeschränkten, ruhmvollen, siegreichen, Hahnenkamm aufrichtenden Triumph zu erleben. Wenn dies geschieht, dann gebe alles hinein, was du hast!

Wenn der Hahn dein bevorzugtes Vogelsymbol ist, dann kannst du besonders gut krähen! Du wirst den Zeitpunkt des Durchbruchs finden, die Großartigkeit dessen zu erfahren, der du wirklich bist. Und du bist großartig – wir sollten jeden Morgen aufwachen mit dieser unerschrockenen Hahnrei-Energie. „Guten Morgen, wunderbarer Tag – schaut, wie toll ich bin – hier in meinem ganzen Glanz, der auch für dich ein Licht abwirft. Ich bin der Champion der Welt. Beginne deinen Tag genauso und du wirst sehen, dass das Leben auf deinen Befehl gehorcht.

Affirmation
Ich lade das erleuchtende Bewusstsein der Dronte dazu ein, mit mir zusammenzuarbeiten, um alles Alte und Stagnierende in meinem Energiesystem zu befreien (oder: mit mir zusammenzuarbeiten, um diese Person, die zu mir gekommen ist, zu helfen). Ich bitte die höhere Manifestation meines Selbst fähig zu sein, sich durch mich auszudrücken (oder: durch diese Person).

Dronte

Die Dronte (auch Dodo genannt) ist ein, ausgestorbener, seltsamer Vogel, so dass du dich vielleicht fragst, warum sie in dieser Liste aufgenommen wurde. Doch ihre Energie ist noch zugänglich. Keine Kreatur, die je auf der Erde existiert hat, ist wirklich ausgestorben. Ihr physischer Körper mag nicht mehr existieren, doch ihr Bewusstsein kann nie zerstört werden. Der physische Körper reflektiert einfach die Gegenwart eines Wesens auf der Erde, dessen Bewusstsein sich vielleicht in anderen Wirklichkeiten durch andere Formen manifestiert.

Du hast heute die Dronte-Karte gewählt, weil etwas in dir sich entschieden hat, weiterzugehen. Es mag irgendeinen Glauben geben, irgendeine alte Form, die dir nicht mehr dienen kann. Sie behindert dich dennoch auf eine besondere Weise, neue Dinge wahrzunehmen. Sehr häufig realisieren wir nicht, dass wir bestimmte Dinge in der gegenwärtigen Wirklichkeit manifestieren, weil wir immer noch an Dinge glauben, an die auch unsere Eltern glaubten und ihre Vorfahren auch. Das sind wirklich wichtige Dinge wie „ich werde wohl nie Erfolg haben" oder „niemand wird mich je lieben". Wenn du in irgendeinem Bereich deines Lebens gegen die Wand läufst, wirst du wahrscheinlich deinen Kopf gegen eine dieser Arten von falschen Vorstellungen stoßen. Finde heraus, was der Mangel in deinem Leben dir darüber mitteilt, was du glauben solltest – und dann entscheide dich, dich neu zu programmieren mit einem neuen, erweiterten Glauben.

Dabei kann die Energie der Dronte helfen. Bitte das erleuchtende Bewusstsein der Dronte dir zu helfen, althergebrachte Vorstellungen aufzugeben um Platz für neue Ideen zu schaffen. Die Dronte-Energie ist feiner, als du vielleicht erwartest, wenn man bedenkt, dass er ein Vogel war, der zu seiner früheren Zeit nicht fliegen konnte. Er hat eine sehr starke ätzende Qualität, die in der Lage ist, die alten Energien, die dich gefangen halten, abzuscheiden.

Wenn du immer schon diesen Vogel favorisiert hast, dann ist es möglich, dass du als Energieheiler bzw. Energieheilerin arbeitest, oder als Körpertrainer, besonders in einem Bereich, in dem du anderen Menschen hilfst, ihre alte Programmierung, die sie stocken lässt, zu verändern – und die Dronte-Energie ist die Kraft, mit der du bereits arbeitest ohne es vielleicht zu wissen. Wenn du sie zu einer bewussteren Partnerschaft auserkoren hast, wirst du merken, dass deine Klärungsarbeit sogar noch feiner und besser ausgeführt werden kann. Lade das erleuchtende Bewusstsein der Dronte ein, mit dir zusammenzuarbeiten und fühle, wie dieses schöne Bewusstsein in viele Situationen hineinwirkt und dabei hilft, alles das, was gehen muss, aus dem Dunkel herauszuzerren.

Affirmation

Helfe mir, den Schritt vom Verständnis, dass ich vollkommen bin, zum Wissen, dass ICH BIN zu gelangen. Helfe mir mich zu erinnern, dass es nichts gibt, das verändert oder geflickt werden muss, denn ICH BIN schon immer das Ganze und war es immer.

Ich bitte das erleuchtende Bewusstsein des Vogelreiches mich mit dieser Freude, Liebe und Frieden zu durchtränken. Hebe mich hoch und helfe mir zu fliegen.

Blauer Vogel des Glücks

Der blaue Vogel des Glücks hat überhaupt keine physische Entsprechung – er ist eine Erfahrung im Herzen. Er ist wie eine kleine Blase der Freude, die aufplatzt und in Lachen und Liebe explodiert. Er ist unser individueller Seelendurchbruch durch die Persönlichkeit und erinnert uns, dass wir das Recht auf Freude am Leben haben.

Wenn du heute diese Karte gezogen hast, dann sprudelt das Glück, das versucht, deine Einsamkeit und Isolation zu durchbrechen. Lasse es hervorsprudeln und fühle dich einfach glücklich. Glück ist ein großer Heiler. Die Energie der Glückseligkeit erfüllt deine Zellen mit heilenden Schwingungen. Erlaube dir, dich glücklich zu fühlen. Dieser kleine blaue Vogel ist nur ein Bild, doch er repräsentiert die Stelle in deinem Herzen, das die Freude kennt. Wir alle haben einen Ort der Freude, auch wenn wir selten den Weg dahin finden. Es ist der Platz in unserem Herzen, wo wir Gott kennen. Als menschliche Wesen befinden wir uns am unglücklichsten Ort der Welt, wenn wir uns vom Geist abgeschnitten fühlen. Wir schneiden uns selbst ab und wundern uns dann, warum wir uns so verloren und allein fühlen. Geist ist Freude – und Liebe und Glück.

Der kleine blaue Vogel stellt wirklich das Wesen des ganzen Vogelreichs dar, wie es sich der Menschenfamilie schenkt. Die meisten von uns haben es schon einmal erlebt: die Leichtigkeit des Herzens bei der Betrachtung eines lebendigen Vogels - jeder Vogelart – und was dieser uns schenken kann, wenn wir uns niedergeschlagen fühlen. Die Vögel mögen verschiedene Schwingungen tragen, doch im Wesentlichen vermitteln sie dieselbe Botschaft: „Wir sind alle Eins. Du bist ein Teil von mir. Ich komme zu dir als Teil deines Selbst und erinnere dich daran, dass die Essenz dessen, wer du bist, Gott ist. Du bist ein großartiges Wesen erschaffen im Bilde Gottes. Du erfährst dich selbst als getrennt von Gott, doch wir sind wie die Engel – wir wissen, dass es keine Getrenntheit gibt und dass Gott einfach in uns *ist*. Unsere Gegenwart in deinem Leben ist Gottes Segen für diesen Planeten, um die Möglichkeit der Freude und Liebe und des Friedens hier lebendig zu halten, bist du erkannt hast, dass du selbst dies alles bist."

Es gibt keinen Grund, mich vor der Freude zu fürchten. Freude ist das, was ICH BIN. Ich bitte das erleuchtende Bewusstsein des Vogelreichs mich mit dieser Lebensfreude zu erfüllen, die ich vergessen hatte.

Notizen der Künstlerin

Die Originalzeichnungen habe ich auf A5-Größe angefertigt und ich benutzte die ausgezeichneten Farbstifte von Berol Karisma, und manchmal gebrauchte ich auch weiße Malfarbe für die Spitzlichter (so etwas wie die kleinen Lichtpunkte, die ein Auge leuchten lassen). Regenbogen sind für mich immer ein Zeichen liebender Güte; ein Zeichen oder Omen für etwas sehr Schönes oder ein Hinweis auf ein besonderes Ereignis.
(Bemerkung von Jane: Als ich zum Flughafen fuhr, um das Flugzeug nach Österreich zum internationalen Treffen zu erreichen, wo ich Joyce kennen lernte, gab es einen Regenbogen mit sehr intensiven Farben am Himmel, wie ich ihn noch nie zuvor gesehen hatte. Er erstreckte sich von einer Seite des Himmels zur anderen und wir mussten unter ihm zum Flughafen „hindurch fahren". Die erste Karte die Joyce als Muster malte war der Eisvogel, umschlossen von einem Regenbogen. Ich erklärte in der Einleitung, warum die Wahl des Eisvogels für mich so bedeutungsvoll war, doch der Regenbogen ist ebenso von Bedeutung.)

1. Ringeltaube

Ich stellte die Ringeltaube auf eine Schüssel aus Jade (bekannt für Schutz, Reinigung und Harmonisierung) und Amethyst (höheres Bewusstsein), und ich stellte sie mit einem brennenden Räucherstäbchen im Schnabel dar, zusammen mit Räucherhütchen in der Schale, um damit die Reinigungskraft der Taube für ihre Umwelt auszudrücken.

2. Schwalbe

Sanfte Regenbogenfarben auf der ganzen Karte symbolisieren Freude; die Regenbogenschleife zeigt den Weg als Symbol für den fröhlichen Pfad ins Licht.

3. Rotkehlchen

Das Rotkehlchen hält ein Diamantenherz im Schnabel als Symbol für die reinste Liebe, die göttliche Liebe. Rosen sind natürlich ein Liebessymbol und die rosa, ganz geöffnete Rose porträtiert die volle Blüte des Herzchakras.

4. Falke
Der Blitzstrahl wird als Symbol eines Durchbruchs verwendet. Das diamantene Dreieck zeigt aufwärts, womit es in die Richtung des höheren Bewusstseins hinweist und auch beinhaltet, dass diese Energie mit Vorsicht zu genießen ist, da sie sehr mächtig wirkt. Der Falke sitzt auf einem Felsen, auf dem Granatkristalle gewachsen sind (für Energie und Beharrlichkeit).

5. Turteltaube
Die Nachthimmel-Silhouette der Turteltaube wurde gewählt, um die Funktion dieses Vogels zu vermitteln, uns an die Einheit mit dem Universum zu erinnern. Ich benutzte sanfte Farben für die Zärtlichkeit der Taube und drei Diamanten für seine Macht. Die Olivenzweige im Hintergrund stehen für Frieden.

6. Spatz
Als das Symbol für Gesellschaft von Familie und Freunden nutzte ich ein Netz aus goldenen Perlen hinter den Vögeln und Smaragde, um die Atmosphäre harmonischen Wohlgefühls zu vermitteln.

7. Papagei
Der Papagei sitzt hoch auf dem Ast eines Baumes (hat eine höhere Perspektive). In der eiförmigen Öffnung sind verschiedene Szenen enthalten als Symbole für verschiedene Gesichtspunkte. Auf dem Boden liegen geschlossene Eier, die auf andere Sichtweisen hinweisen, die noch nicht erforscht wurden.

8. Drossel
Eine harmonische grüne Landschaft bringt Frieden. Die ätherische Harfe leuchtet im Himmel und erhebende, himmlische Musik fließt nieder zur Erde, damit sie in jedem resonieren kann, der sie hören möchte. So bringt diese Musik Ausgeglichenheit und Harmonie auf die Erde.

9. Amsel
Die Amsel wird von einem schützenden Kreis aus scharfen Bergkristallen geschützt, doch die Türen des inneren Tores sind weit offen, wo wir durch das wärmende, rosa Licht begrüßt werden.

10. Krähe
Ein grüner Pfad passiert einen Stein mit magischer Inschrift (Botschaften von anderen Welten) und durch ein Tor, das zu einem Tempel führt, wo die violette Flamme der höchsten Weisheit brennt. Die Krähe ist der Bote und sitzt auf einem gebogenen Lichtstrahl, der unsere Welt mit den höheren Welten verbindet.

11. Pfau
Das alles sehende Auge wird auf unterschiedliche Weise symbolisiert. Es gibt Augen in einem Stück Malachit und auf den Schwanzfedern natürlich und um den Hals des Pfaus ist ein Juwel mit dem alles sehenden Augen Gottes. Ein Pfad führt zu einem entfernten Tempel, der ein Symbol des Selbst ist.

12. Schwan
Am oberen Bildrand sind die Bilder von Tag und Nacht im Gleichgewicht – wie Partner. Es gibt eine Reihe von Waagschalen mit einem männlich-weiblichen Symbol als Angelpunkt und auf den Schalen sind zwei Herzen, jedes in einer Lotosblüte, beide genau gleich und vollkommen im Gleichgewicht – ein Hinweis auf die Seelenpartnerschaft. Außerdem sind zwei Regenbogen auf der Karte, die aus dem Angelpunkt zum Wasser reichen, wo der Schwan schwimmt. Am Horizont ist eine erleuchtete Silhouette eines zweiten Schwans als Symbol für den perfekten Partner - und des inneren Partners -, mit dem man das Gleichgewicht erreichen kann.

13. Adler
Der Adler fliegt mit der Sonne (als Symbol für die Macht Gottes) in seinen Krallen hoch über der Erde. Missbrauch seiner Macht zerstört, doch der richtige Gebrauch der Macht hat enormes Potenzial, um Gutes zu bewirken.

14. Eule
Die Eule sitzt auf einem Regenbogen, der eine immaterielle Grenze zwischen der mystischen und materiellen Welt darstellt. In der physischen Welt ist ein erleuchteter Pfad hin zu einem toten Baum (Symbol alter Muster, die aufgegeben werden sollen). Das goldene Ei schwebt im Raum und ist ein Symbol für die noch nicht manifestierte spirituelle Kraft, die im rechten Augenblick aus dem Ei geboren wird.

15. Storch
Der Storch hat gute Übersicht von einem hohen Platz aus und sieht, wie Ideen aus einer fruchtbaren Landschaft aufsteigen und wie sie in der Welt sichtbar werden.

16. Lerche
Die Lerche fliegt sehr bestimmt hoch auf und verlässt einen Ort mit Schmerz und Problemen (Tornados und Regen) zu einem klaren, aber immer noch bedeckten Himmel, durch den aber bereits ein kleines Licht scheint (die Sterne) zu immer leichteren Himmeln. Die „Grenzen" zwischen diesen Orten sind Regenbogen, Symbole der Freude, weil man die Übergangspunkte zu mehr Licht erreicht hat.

17. Nachtigall
Die Nachtigall singt, im Hintergrund ist der Kosmos (Symbol ewiger Schöpfung). Auf dem Horizont erscheint in strahlendem Sonnenschein ein „anderes" Universum – ein rosa Pfad der Göttlichen Liebe führt durch ein Tor zu einem heiligen Berg. Der erleuchtete Turm ist das Symbol für die Heimat der höheren Wahrheit, Licht und Liebe.

18. Ibis
Der Ibis steht im Wasser nahe einem Tempel mit einem wunderschönen rosa Lotus. Wenn der Ibis auf seine Widerspiegelung im Wasser blickt sieht er sein wirkliches Selbst, symbolisiert durch den heiligen Ibis, den violetten Lotus und die violetten Flammen göttlicher Weisheit.

19. Fink
Die Steine auf denen die Finken sitzen sind aus Rhodonit (für inneren Frieden, Harmonie, Bruderschaft und Dienst). Die Regenbogen symbolisierten einen neuen Kreislauf, und da, wo sie sich kreuzen, kommt ein strahlendes Licht zum Vorschein.

20. Kanarienvogel
Der Kanarienvogel sitzt auf einem durchscheinenden grünen Kristall und strahlt wie die Sonne, aus der ein leuchtender Pfad erscheint. Der Pfad ist erleuchtet durch brennenden Amber (Symbol für innere Vitalität und Freude), so dass man diesem mit vollem Vertrauen folgen kann.

21. Flamingo

Ein Flamingo steht an einem geschützten Platz außerhalb des Blicks der Gruppe und hebt den Deckel eines versteckten Gefäßes, aus dem ein mächtiger Regenbogen erscheint. Dieser stille Akt, der von den anderen nicht bemerkt wird, gießt Schönheit und Wohltaten in die Welt, an denen alle Freude haben sollen.

22. Pelikan

Das Loslassen wird hier symbolisiert durch das Loslassen materiellen Besitzes (die Perlenkette), doch dies ist auch eine Metapher für das Loslassen von emotionalen Anhaftungen.

23. Eisvogel

Der Eisvogel sitzt auf dem goldenen Rand einer Schale auf einem aquamarinen Podest. Im Goldrand sind geschliffene Aquamarine eingelassen (die für tiefe Einsicht und Kontakt mit dem Höheren Selbst stehen). Die Schale enthält das ganze Wissen des Universums. Unter dem Felsenbogen sehen wir den endlosen Ozean, der von dem hohen Wasserfall nachgefüllt wird (der Wasserzyklus ist ein Symbol für die Ewigkeit).

24. Möwe

Die Möwe findet einen kleinen Stein aus fliederfarbenem Charoit (Transformation und Schutz) für die Heilung unbewusster und bewusster Ängste. Hoch am Himmel für ein Albatross, als Symbol für die Freiheit nach der Heilung.

25. Fischreiher

Ein Lichtstrahl fällt durch die Wolken auf den Wasserfall um das Wasser wiederzubeleben und zu reinigen. Das Licht, die Kerzen, das Wasser und der Regen helfen alle dabei.

26. Ente

Die Ente mit einer feindlichen Haltung gegenüber sich selbst ist in einer grauen Welt gefangen und kann die Schönheit aller Farben und Aspekte ihres Wesens nicht sehen. Das könnte sie, wenn sie nur aus der Kiste ihres Selbsthasses hinausschauen würde.

27. Pinguin
Dieser Königspinguin fühlt sich völlig in einer eiförmigen Kette gefangen und kann nicht sehen, dass außerhalb dieses Gefängnisses eine pastellfarbene Aura strahlt, die perfekt und voller Liebe ist. An der Spitze des Bilds blüht ein heiliger Lotus als Symbol für die Liebe Gottes, die alles überwindet.

28. Regenpfeifer
Der Regenpfeifer steht auf einer Scheibe Karneol (für Schutz und Sicherheit). Im Hintergrund zeigt sich Gefahr (dunkle Wolken, Adler, Ruinen). Der Regenpfeifer verlässt den Karneol als ob er verwundet sei und entkommt durch eine schmale Öffnung, die zu einer grünen, fruchtbaren, friedvollen Welt führt.

29. Gans
Als ein Symbol für die Fülle ist die Gans auf einer Höhle platziert, die mit Juwelen in vielen Farben gefüllt ist. Im Hintergrund sehen wir einen Pfad, der zu einem Berg führt umgeben von Wolken, wo eine Fontäne aus Regenbogenlicht die Belohnung für die Arbeit, den schweren Weg zum Gipfel zu gehen, symbolisiert.

30. Kormoran
Der Vogel steht auf einem Felsen im Wasser und schaut auf einen illuminierten Durchgang zwischen zwei riesigen Kerzen, die zum „Licht" führen. Die Passage ist eingerahmt durch einen Regenbogen als Grenze zwischen Dunkelheit und Licht. Darüber ist die violette Flamme der Verwandlung.

31. Kranich
Im Himmel ist ein Himmelskörper mit einem Yin-Yang-Zeichen, das Symbol für das liebevolle Gleichgewicht zwischen gegenseitigen Kräften, die vereinigt werden sollen. Der Fluss kann überschritten werden, weil einige Steine im Wasser die Landschaften verbinden, so dass sie nicht wirklich geteilt sind. Der Regenbogen schützt einen hohen Pfeiler, wo das helle, strahlende Licht der Vereinigung aller Farben anzeigt.

32. Kolibri

Der Kolibri erhebt sich aus den Schwingungen des ewigen OM-Klangs, das OM der Existenz, sichtbar gemacht durch die OM-Symbole im Hintergrund.

33. Honigsauger

Die farbenprächtig strahlenden Honigsauger sitzen auf den Kanten ihrer eigenen Sonnen, die Silhouetten dieser Vögel in sich tragen (Kameradschaft). Regenbogenschleifen (Freude), Juwelen (materielle Geschenke) und das Universum (spirituelle Gaben) vervollständigen das Bild.

34. Geier

Der Geier sitzt auf einem „schwebenden" Felsen als Symbol für etwas, das Vergeben benötigt. Tief im Fels verborgen liegt eine Schale mit Licht, die das Licht und die Liebe des Selbst symbolisiert, die manchmal in tiefsten Ecken verborgen sind. (Als ich mehrfach den Kolibri malte, mit dessen Ausführung ich noch nicht zufrieden war, erschien mir der Geier. Nachdem ich diesen gemalt hatte, konnte ich das Kolibribild ohne Problem zu Ende bringen.)

35. Fasan

Der majestätisch schöne und leuchtende Fasan war häufig in meinem Garten, wo er sich in jedem Jahr aufhält, doch in diesem Jahr, als ich die Karte malte, war er noch großartiger. Ich fotografierte ihn sehr oft. Er zeigte immer wieder ein großes Farbspektrum. Ich war sprachlos vor Bewunderung. Deshalb stellte ich ihn auf ein Podest mit strahlenden Lichtkreisen um ihn herum.

36. Truthahn

Die beleuchteten Treppen mit Juwelen bedeckt symbolisieren die wundervolle Hilfe, die man erhält, wenn man diesen Ort erreicht hat.

37. Zwergpapagei
In einem grünen Juwelherzen mit Kristallfacetten sieht man einen zweiten Zwergpapagei (es ist tatsächlich mein eigener – er saß während des ganzen Prozesses beim Kartenmalen auf meinem Kopf oder den Schultern, deshalb wollte ich ihm auch diesen Platz geben). Im offenen Herzen ist das Universum sichtbar. Grün ist die Farbe des Herzchakras, Gelb die Farbe der Weisheit. Im Himmel sieht man zwei leuchtende Herzen – in einem davon ist der Erzengel Michael sichtbar. (Diese Michael-Silhouette erschien mir beim Malen, ich machte sie nicht bewusst. Das war wirklich aufregend für mich – denn sonst habe ich keine „menschlichen" Formen auf den Karten). Der gelbe Lichtbogen ist das Kraftfeld der Liebe.

38. Phönix
Der Phönix hält sich immer noch an einem Zweig der Vergangenheit fest, eine Wirklichkeit, die auseinander fällt und brennt, und hinter den fallenden Puzzlestücken erscheint eine friedvolle Welt, voller Versprechen für ein neues Leben erfüllt mit Freude und Licht. (Die Idee der Puzzlestücke kam mir plötzlich in der Pause eines Konzerts in den Sinn. Ich schrieb sie mir auf, wusste aber noch nicht, wie ich sie verwenden würde).

39. Kuckuck
Bei dieser Karte hatte ich das Gefühl, dass ich sie sofort nach der Blauracke malen sollte (siehe meine Notiz dazu). Als ein Zeichen eines neuen Anfangs malte ich das buddhistische „Rad der Zeit" das aus dem Baum herausstrahlt und der Baum selbst zeigt den ganzen Kreislauf der Jahreszeiten – Knospen, grüne Blätter, braune Blätter und tote, fallende Blätter. Im Hintergrund zeigen die vier Bäume ebenfalls die Jahreszeiten.

40. Rohrsänger
Der wunderschöne Gesang dieses Vogels verbindet und balanciert die strahlenden Herzsymbole des Herzchakra (grün) und des Kehlchakras (blau), was es dann für das Scheitelchakra ermöglicht, sich vollständig zu öffnen (das goldene im Zentrum). Die drei Chakras zusammen singen von Liebe und spiritueller Verwirklichung.

41. Blauracke
Ich malte die Blauracke am 11. September 2001, als in New York die Zwillingstürme des World Trade Centers zerstört wurden. Ich hatte den Vogel gerade beendet und musste nur noch den Fuß des Bildes und den Hintergrund malen. Es fühlte sich an, als ob es eine tiefe Bedeutung hatte, dass ich den Vogel in diesem Moment malte – dass die Welt nun die Möglichkeit hatte, die Wahl zu treffen, von der Trennung zur Einheit überzugehen. Unterhalb des Vogels ist das „neue" Licht sichtbar, das hinter etwas hervorscheint, das wie eine Trennung aussieht bedeckt von Wolken (Illusion). Oberhalb des Vogels ist eine symbolische Darstellung der Wiedervereinigung von Selbst und Gott – da, wo sich treffen, scheint ein leuchtendes Licht.

42. Goldammer
Die leuchtende gelbe Farbe der Goldammer strahlt Wärme und Freude aus, wenn man müde ist. Sie sitzt auf einem großen Stück eines Bergkristalls (Schutz, der von innen kommt, und Lebenskraft). Auf der rechten Seite unter der Sonne ist ein Feld mit einer Fülle blühender Sonnenblumen. Auf der linken Seite sehen die Blumen tot und braun aus, weil die Sonnenenergie sie verlassen hat.

43. Webervogel
Da ist eine Landschaft mit allen Arten von Heimen, ein Heim in dieser Welt, ein Heim in einer anderen Welt (andere Planeten), ein Schwarm von Vögeln als Symbol der Familie, deren Teil wir sind.

44. Rebhuhn
Zu dieser Karte hatte ich erst keine Idee. Das einzige, was ich wusste war, dass ich einen hohen Horizont malen sollte, so dass der Vogel wirklich „geerdet" wäre. So machte ich eine horizontale Linie und der Rest kam dann plötzlich. Das Rebhuhn steht in einem Kreis von Rosenquarzen (Liebe), mit einem Regenbogenhimmel im Hintergrund als Symbol von Gottes Liebe. Die Kerze ist davor als ein Leitlicht, um die Aufmerksamkeit auf die göttliche Liebe zu lenken.

45. Bachstelze
Um glücklich zu sein trinkt die Bachstelze aus einer Lichtfontäne, die aus einem „Sonnenstein" strömt (Freude und Vitalität). Ein Blumenregen kommt aus einer Regenbogenschüssel.

46. Rabe

Diese Karte war eine besondere Herausforderung. Ich machte erste Entwürfe und nachdem ich die Idee gehabt hatte, dass der Rabe das Universum beiseite zieht, versuchte ich verschiedenes, um Gott sichtbar zu machen, was natürlich unmöglich war. So malte ich eine neue Karte, auf der der Rabe die Schleier zur Seite zieht, über das Universum hinaus. Gott ist gefunden, das wirkliche Lebensziel. Dort gibt es keine Trennung.

47. Tölpel

Der Tölpel sitzt zwischen vielen Geschenken und Schätzen, die den Segen symbolisieren, die das Leben offeriert um sich daran zu erfreuen, wenn man sich genehmigt, ihn zu empfangen. Ein Perlenmond strahlt Fülle über die Erde. In der Höhle scheint ein Licht mit dem Versprechen, dass noch mehr Geschenke auf uns warten.

48. Neuntöter

Als ein Symbol des Zorns zerspaltet das Schwert zwei Felsen – dies macht ein Lichtkreuz sichtbar (Liebe), das durch die Wolken hindurch bricht, die es verbergen könnten. Der Neuntöter sitzt auf einer „Dornenkrone", die uns an die Macht und Liebe der Christusenergie erinnert, die für jeden von uns verfügbar ist, wenn wir zu unserer eigenen Wahrheit stehen.

49. Zaunkönig

Der goldene „Zweig", auf dem der Zaunkönig sitzt, ist die goldene Straße (Einsicht). Auf der hellen Seite der Straße gibt es Fülle, Wohlstand, Liebe. In der oberen Landschaft sind Bergkristalle (Gleichgewicht, Klarheit). Unterhalb der goldenen Straße ist es düster, was Negativität und unbewusste Vorstellungen symbolisiert. Hier ist ein Rauchquarz (Reinigung von Negativität, Transformation und Stabilität). Die Landschaft ist tatsächlich eine Einheit, nur die gewählten Gedanken bestimmen, ob wir Licht oder Dunkelheit erfahren.

50. Strauß

Der Strauß schaut mit einem sehr bewussten Ausdruck auf seinen Lichtkörper, das wirkliche Licht.

52. Specht
Nach der harten Arbeit, ein Loch in den Baum zu picken, wird das wirkliche Ziel sichtbar – am richtigen Ort und zur rechten Zeit. Andere Anstrengungen haben manchmal keinen Erfolg (der andere Baum), doch das ist kein Grund aufzugeben. Das Schloss mit der schwierigen Straße ist ein anderer Erinnerungsfaktor für die notwendige Beharrlichkeit, um das Ziel zu erreichen.

53. Hahn
Dieses Bild kam einfach über mich. Ich begann mit dem Vogel und der Rest malte sich wie von selbst (und spricht für sich selbst).

54. Dronte
Für diesen Vogel hatte ich das starke Gefühl, dass ich den Schneeflocken-Obsidian benutzen sollte (für das bewusste Loslassen alter Emotionen und Blockaden). So führte ich das Tor aus, durch das die Dronte hindurchgehen sollte, um aus einer Welt herauszutreten, in der alles ausgestorben, alt und nicht mehr lebendig ist.
Einige Zeit nachdem ich dieses Bild gemalt hatte, entdeckte ich in einem meiner Bücher, dass die Dronte nur auf zwei Vulkaninsel vorkam – das war mir völlig neu und ich war erstaunt, dass ich die Intuition hatte, vulkanische Material für meine Darstellung (den Obsidian) zu gebrauchen.

55. Blauer Vogel des Glücks
Dieser symbolische Vogel erschuf sich beim Malen selbst, ebenso der Hintergrund. Ich kann nicht viel darüber sagen, nur dass es eine Atmosphäre des Glücks mit allen Regenbogenfarben und der hell scheinenden Sonne darstellt.

Index

1 RINGELTAUBE 1

2 SCHWALBE 2

3 ROTKEHLCHEN 3

4

FALKE

4

5 TURTELTAUBE 5

6 SPATZ 6

7 PAPAGEI 7

8 **DROSSEL** 8

9 **AMSEL** 9

10 KRÄHE 10

11 **PFAU** 11

12

SCHWAN

12

13 ADLER 13

14 EULE 14

15 STORCH 15

16 LERCHE 16

17 **NACHTIGALL** 17

18 **IBIS** 18

19 FINK 19

20 KANARIENVOGEL 20

21 FLAMINGO 21

22 PELIKAN 22

23 EISVOGEL 23

24 MÖWE 24

25 FISCHREIHER 25

26 ENTE 26

27 PINGUIN 27

28 REGENPFEIFER 28

29 GANS 29

30 **KORMORAN** 30

31 KRANICH 31

32 **KOLIBRI** 32

33

HONIGSAUGER

33

34 GEIER 34

35 **FASAN** 35

36 TRUTHAHN 36

37 ZWERGPAPAGEI 37

38 PHÖNIX 38

39 KUCKUCK 39

40 ROHRSÄNGER 40

41 BLAURACKE **41**

42 GOLDAMMER 42

43 WEBERVOGEL 43

44 REBHUHN 44

45

BACHSTELZE

45

46 RABE 46

47 TÖLPEL 47

48 NEUNTÖTER 48

49 **ZAUNKÖNIG** 49

50 STRAUSS 50

51 NACHTSCHWALBE 51

52 SPECHT 52

53 HAHN 53

54 DRONTE 54

BLAUER VOGEL DES GLÜCKS

55 55